Apresentação.

Estimado leitor, primeiramente obrigado pela sua contribuição no desenvolvimento deste trabalho que vigora mediante incentivos intelectuais e oriundamente financeiros…

Sou Alexandre (A.F.B.) formado em Química, técnico em Química, Publicidade e Propaganda, Perito judicial, Juiz arbitral. Sou representante do portal Nível Acadêmico, e mais uma vez obrigado por confiar em meu trabalho e por incentivar todas as aptidões intelectuais de nossa equipe !

Nesta obra, você conseguirá divagar sobre os conceitos de integração em sua vida, pessoal e profissional.

Você terá plenas capacidades de tomar as rédeas de seus objetivos, como planejamento de vida. Reatará elos de conexão que lhe faltam para concernir a realização de metas, das mais simples até as mais complexas.

Você aprenderá em um texto de fácil entendimento, formal, e com extensas pesquisas, o desenvolvimento completo de cada capítulo. Capítulos estes que reúnem além de pesquisas acadêmicas, um entrelace com conhecimentos sólidos aplicados em teses, discernindo sobre exemplos da vida real, no que tange às relações cotidianas interpessoais de cada indivíduo como integrante de uma sociedade contemporânea evolutiva.

Nesta obra solene e relativamente atemporal, você poderá aferir seus conhecimentos acadêmicos nas seguintes áreas:

Ciências Sociais e teológicas

História

Geografia

Administração (pessoal e Organizacional)

Publicidade e Propaganda

Saúde física e mental

Potencialização, desenvolvimento físico e mental.

Boa Leitura!

Sumário

Advertência Prévia.

Atenção! Tudo e todos irão contra seu planejamento, sua estratégia, sua dicção mental de formular ideias, modo de pensar, meio de criar, preterivelmente sua modalidade de progredir e ou armazenar dados que constituirão suas metas. Estas que consequentemente adjacendem, culminam no seu planejamento concluso.

No entanto, se atenha às suas metas. Sempre gere uma ação executável construtiva! De imediato, faça isso diante de adversidades obstrutivas. Acumule estímulos que lhe façam sempre pôr em pauta algo presente em seus pensamentos. Previamente o que você já construiu quanto metas.

Formas de lhe usurpar a atenção não irão faltar, um bebê chorando, uma tarefa inesperada, mudança de planos de forma inesperada, celulares altos em seu redor, programas que você não quer assistir mas é "obrigado", falatórios exacerbados em seu local de convívio, seu próprio cônjuge praticamente lhe obrigando a executar tarefas que não lhe convém e ou lhe cobrando para assistir aquele filme chato o qual você não tem o mínimo interesse e que por fim acaba aceitando assistir por algum tipo de chantagem emocional! No fim das contas estes e inúmeros fatores, que são impossíveis de se mensurar em um único, ou milhares de livros são os principais desmotivadores do foco em seu planejamento e desenvolvimento de vida, seja ele pessoal ou profissional. Um exemplo claro é trabalhar com algo que não se goste, preso, em cada hora do dia, alimentando o sonho dos outros, somente pelo dinheiro e não poder ter estímulos e tempo para começar a construir aquilo que te fará feliz em sua vida!

Portanto, esta advertência serve de espelho para que você se identifique, reconheça que neste plano você sempre estará sujeito a volatilidade do inesperado, haverá sempre situações que irão te desconcertar, coisas que lhe saltam de sopetão à sua frente! Pessoas que bloqueiam sua capacidade de infundir, coisas e ou ocasiões que serão capazes de te desconcertar, atarantar, atravancar, destruir o planejamento sem alicerce próprio que você arquitetou de forma errada. Coisas capazes de tirar sua paciência, entretanto, tenha calma! Reformule e prorrogue sua fé, exercite sua sapiência, concentração, e acima de tudo seu foco em objetivos próprios.

E através destes hierárquicos e intermináveis conhecimentos que lhe estarão dispostos a seguir nesta obra, os seguintes serão seu guia de conduta vitalício, onde cabe sempre em todas as etapas de sua vida a devida consulta para, e como, proceder em seus planejamentos e metas dispostos. Sempre acumulando maior bagagem ao seu intelecto pessoal, ético e moral.

Transpondo barreiras e vencendo desafios.

Salve a ressalva, se atente em sua atenção seletiva cognitiva, continue seu objetivo em concluir metas e vire a página.

(Ética, é quando você sabe o que é o certo a se fazer, enquanto ninguém o observa. Moral, é a sua decisão própria em continuar fazendo o que é certo diante das adversidades e reprovações, perante a sociedade)

" A perseverança é a mãe da boa sorte."

Faça Coisas Perfeitas!

(bem próximas do perfeito, porque o perfeito não existe.)

Isso, isso mesmo, os "feitos" deixam marcas, marcas atemporais, que influenciam nos anais do ciclo da vida. Na sua continuidade, e na história, portanto, a primeira regra é: se for fazer algo, inclusive algo de destaque, busque a perfeição, esta, que nunca alcançará.

Não sei se a analogia pode parecer um pouco ordinária, comum, mas é o que de mais "perfeito" podemos mensurar:
Certa vez indaguei a meu amigo pizzaiolo, com experiência de mais de vinte anos. Mesmo eu já conhecendo a resposta, do que iria perguntar, eis que ele me surpreendeu com sua resposta...

- Porque você sela a pizza de portuguesa com queijo em cima?

(Pizza esta que vai, além da massa em sua estrutura, presunto, ovo cozido, cebola, ervilhas, milho, entre outras coisas, que desmontam e esparramam)
Eu já imaginava que a resposta seria, que o queijo serviria para não separar os ingredientes e mantê-los "presos" a pizza, mas a resposta foi reveladora, através de seu outro ponto de vista!
Ele me respondeu:

- "É o queijo que segura os ingredientes. Ele não deixa que eles se percam dentro do forno a lenha, tudo que se esparrama se é perdido."

Hoje, agora compreendo. A pizza de portuguesa sem o queijo (selador) é o nosso planejamento infundado, sem motriz e ou direção, (os ingredientes, são as nossas metas, as ideias, que são perdidas)

De certo modo podemos dizer que este forno é o ralo cotidiano que suga nossas energias e cancela nossas metas de planejamento, ele destrói, aniquila nossos "ingredientes", o interno do nosso ser, nossa especialidade intrínseca. Restando apenas a nossa "massa" que é o que somos sem ideais, sonhos, objetivos, planos e metas.

O forno que leva o que deveríamos exprimir, as metas ou ideias jamais voltarão, se não seguras por um planejamento de metas que o armazene e o desenvolva, no caso o "queijo". Sendo assim nos tornamos somente a massa, crua, sem sabor, sem originalidade, influenciado pelos outros, sem atitude, uma pessoa ordinária.

Concluindo, o que se busca por perfeição, no que se faz, se resume em quem você é.

Para você, o que você precisa fazer por sua família é sinônimo de perfeição, em seguir seus ideais, o que você crê e acredita e almeja também tem que sempre respaldar em perfeição...

Nota-se um artesão que lapida uma pedra, ao escolher certa pedra, ela sobressai-se, já se presume que ela é linda e semi-perfeita, o artesão somente acentuará e revelará sua beleza através do seu senso de trabalho em perfeição, pois o que ele fará em esculpir e lapidar, ele deixará sua marca. No que diz respeito a perfeição, para si e para as outras pessoas, acreditando ter feito o seu melhor.

O que se capta por perfeição, para cada indivíduo discrimina-se por dicção cognitiva rápida, capacidade de conhecimento e aprendizado. Valores envoltos no meio em que se situa, e sua própria opinião.

"Sem entrar a fundo em outro tema, o qual, redigi " teoria da opinião comportamental segmentada" capta-se por força de personalidade ao ambiente e condições a que o indivíduo é exposto, resultando simplesmente na singularidade do ser. Sendo assim, o seu gosto, pode não ser o gosto do outro, mas pode-se haver uma concordância mediada pelo respeito mútuo das partes, originando uma segmentação, e segmentação é uma forma de perfeição para todas as partes.

Nada é perfeito e nunca será, mas como veremos a seguir o tempo é o maior professor de ensinamentos que podemos conhecer, mas este mestre professor o tempo mata todos os seus discípulos e alunos, portanto, as palavras de ordem são: transforme sua vida, não deixe para depois o que você pode fazer hoje. Não se perca na sua linha temporal, execute suas metas, seus objetivos o quanto antes, pois o tempo passa muito rápido. Com o planejamento devido, e a cada dia que você cumprir seu planejamento, você sentirá a melhor sensação do mundo, a sensação de dever cumprido, a programação concluída e consequentemente estará no caminho certo para se tornar uma pessoa melhor, idônea!

Um construtor, não nasce com habilidades ou conhecimentos predestinados, cabe a este indivíduo se prostrar, focar, aprender anos a fio, desenvolver habilidades através de práticas e observação. Se especializar, possuir anos e anos de experiência, e mesmo assim nunca em seu modo de trabalho estará tudo perfeito! Todas as formas de imprevisibilidade acontecerão e mesmo assim a sua perfeição em serviço o construtor buscará. Por isso o tempo em prática e experiência o farão muito mais competente, pois a sua "perfeição" será sempre uma ação de "modus operandi", um padrão segmentado, o qual estará acostumado a trabalhar bem!

Não adianta, somos humanos, homo sapiens, como gênero, evoluímos a tal ponto sempre buscando a perfeição em nosso imaginário. Nós fomos e somos a única espécie de hominídeos primatas que sobreviveu até hoje, dentre as diversas espécies,das quais, resultamos como indivíduos atuais, através de cruzamentos ou seleção natural! Nossa história como indivíduos sempre se moldou da capacidade de resolvermos os problemas com maestria adaptativa desenvolvendo nossa inteligência adaptativa.

Assim se prosseguiu! Gravamos nossos genes futuros na história, certos instintos, os quais estamos sujeitos até hoje, afinal, nossos antepassados e descendentes originários não nasceram com nenhuma arma de caça em seu corpo, como unhas fortes, presas mortais, técnicas de camuflagem, tamanho elevado, ou glândulas injetoras de venenos.

Simplesmente, nos adaptamos ao ambiente e evoluímos nossa inteligência de raciocínio lógico, através de adaptações genéticas, e alimentação diferenciada em que através de reações químicas corporais e cerebrais, tudo mudou! De um descendente comum, o Australopithecus, evoluímos, ou seja, nossa linha genética progrediu e se multiplicou, enquanto a outra linha de descendentes não adaptados se estagnou no tempo. Portanto, a nossa única capacidade de evolução que conhecemos até hoje onde estamos, o "Homo Sapiens 2.0" é a capacidade de pensar, a faculdade das inteligências desenvoltas, então nos cabe fazer um breve parêntesis na história e no tempo...

É imprescindível abordar neste livro o vislumbre da evolução pré-histórica a fim de incitar os paradigmas evolutivos que se sucederam de nossa origem cognitiva, para entendermos, onde estamos, e aonde podemos estar chegando:

Alterações climáticas ocorridas há 2,5 milhões e meio de anos, entre estações secas e úmidas, causaram transformações ambientais na África, culminando no processo de desertificação.

Por instintos seletivos, o grupo Australopithecus (nosso descendente comum) passou por desafios de adaptação. Com mandíbulas mais resistentes e fortes relacionadas a um hábito vegetariano (alimento duro e resistente) e o aumento da capacidade craniana, resultou na utilização de ferramentas e foi assim que surgiu o primeiro homem o "Homo Habilis" (homem hábil 2.2 a 1.6 milhões de anos), o mais antigo dos homens. Estes transportavam alimento, se alimentavam de carniças e restos de outros animais maiores e produziam ferramentas de pedras lascadas.

O Homo Rudolfensis: (2.4 a 1.6 milhões de anos) coexistiu com o Homo habilis, porém com volume craniano maior, possuíam face mais aplainada e larga, os dentes caninos mais largos e apresentavam coroas mais complexas, raízes e esmalte mais espessos. Não se sabe qual dos dois é mais antigo (ancestral) presume-se que o
Homo Rudolfensis é uma variação do Homo Habilis (mesma espécie).

O Homo Erectus: Homo erectus viveu entre 2,0 M.a. a 400.000 M.a., é uma espécie com volume craniano entre 900-1200 cc, portanto são os indivíduos até então com maiores crânios, representavam um aumento de 50% em relação ao H. habilis.

" Habitantes de cavernas, produziam e usavam ferramentas bem mais elaboradas (como machados de mão), representando a primeira ocorrência no registro fóssil de um design consciente. Acredita-se que produziram ferramentas de madeira e armas, mas não foram preservadas.

Provavelmente o homo erectus foi a primeira espécie a usar e controlar fogo. Este marco no desenvolvimento humano aconteceu de 1 a 1.5 milhões de anos atrás. O controle do fogo pode ter permitido os humanos a se mudar da África e migrar para locais com clima mais frio (Europa e Ásia). H. erectus é a primeira espécie humana a migrar para fora de África e se adaptar a uma variedade de ambientes no Velho Mundo."

Esta espécie representou os primeiros humanos a explorar seu ambiente, da mesma maneira que os modernos caçadores-coletores, matando no mínimo, pequenos animais, e também colhendo uma série de alimentos vegetais.

- A Transição para Homo sapiens sapiens:

" A comunidade de paleoantropologia vem discutindo ultimamente a polêmica sobre quando apareceu a nossa espécie e como?"

A Hipótese de radiação ("Out of Africa") propõe que os humanos modernos evoluíram a partir de uma população de H. sapiens arcaicos entre 200-100.000 anos atrás. Este grupo migrou da África e substituiu todas as populações humanas no mundo.
Portanto, a espécie atual descende desse grupo que apareceu na África.

A hipótese de evolução multirregional propõe que populações regionais evoluíram lentamente até os humanos modernos. As características modernas apareceram em alguns grupos e se espalharam por miscigenação (fluxo gênico). Portanto eram possíveis intercruzamentos entre populações e inclusive entre os neandertais e humanos modernos."

Entre os Homo sapiens arcaicos, podemos considerar desde fósseis mais antigos com características bastante marcantes como a espécie recentemente proposta, o Homo antecessor ou ainda H. heidelbergensis e seus descendentes, Muitos autores consideram que a transição de H. erectus para H. sapiens aconteceu aproximadamente 300.000 a 400.000 anos atrás.

Homo Antecessor: Possuem uma série de traços primitivos e ao mesmo tempo apresentam características comuns, como as faciais e os dentes, que são praticamente idênticas ao das populações modernas, com uma capacidade craniana superior a 1000cc.

Esses fósseis apresentam uma combinação única de caracteres que levaram à proposição de uma nova espécie para o gênero, Homo antecessor, e representam indivíduos das primeiras populações a ocupar a Europa, e propõe-se que esta nova espécie representa o antepassado comum dos neandertais e das populações modernas de H sapiens.

O H. antecessor, surgiu provavelmente a partir de populações pertencentes ao H. ergaster. Por outro lado, o cenário evolutivo supõe que certas populações de H. antecessor saíram da África em direção à Europa, pela rota do oriente, próximo a data desta primeira dispersão. É difícil precisar a referida cronologia.

Os autores desta descoberta propõem que o homo antecessor provavelmente foram os ascendentes das linhas do H. heidelbergensis e H. neanderthalensis.

Homo heidelbergensis: Entre os defensores da hipótese de evolução paralela, os H. heidelbergensis podem ter sido ancestrais dos Neandertais na Europa e do H. sapiens na África e, portanto, vêem este grupo como evidência de uma transição para Homem moderno. Entre as características principais, a face e nariz mais proeminentes e as mudanças na base do crânio provavelmente associadas a mudanças na caixa de ressonância diretamente relacionada à voz.

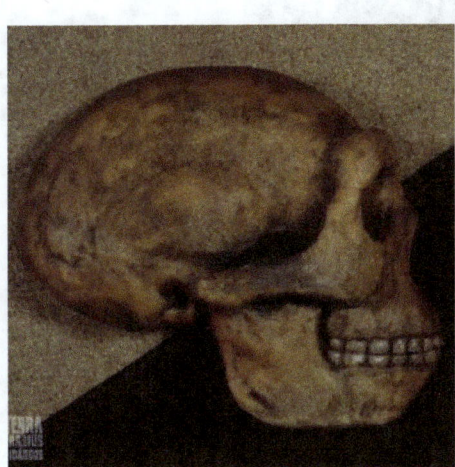 

Os Neandertais contribuem com algo de muito mistério no estudo da evolução humana. Cientistas ainda debatem se eles são uma subespécie próxima relacionada com os humanos modernos ou representam uma linha colateral, mas não ancestral a humanos modernos. (Idade do gelo da Europa).

Os neandertais foram indivíduos que habitaram a Europa e a Ásia durante o período glacial, a famosa "Era do Gelo". Viveram entre 200 e 45 mil anos atrás, quando se extinguiram por razões ainda pouco conhecidas. Nós conhecemos essa espécie principalmente através de seus fósseis, os ossos petrificados desses sujeitos, além das ferramentas de pedra que eles produziram.

Desse modo, sabemos um pouco de como e onde eles viviam, o que comiam e até como se pareciam. Os neandertais eram indivíduos muito parecidos conosco, tinham um cérebro tão grande quanto o nosso (às vezes até maior), provavelmente fabricavam vestimentas para sobreviver ao frio congelante e caçavam grandes animais da era do gelo. Comparados a nós, eles eram mais baixos e mais parrudos, tinham entre 1,50 e 1,60 metros de altura e viviam em sociedades bastante sofisticadas, é possível até que estivessem pintando paredes de cavernas e usando colares como nós também fazíamos.

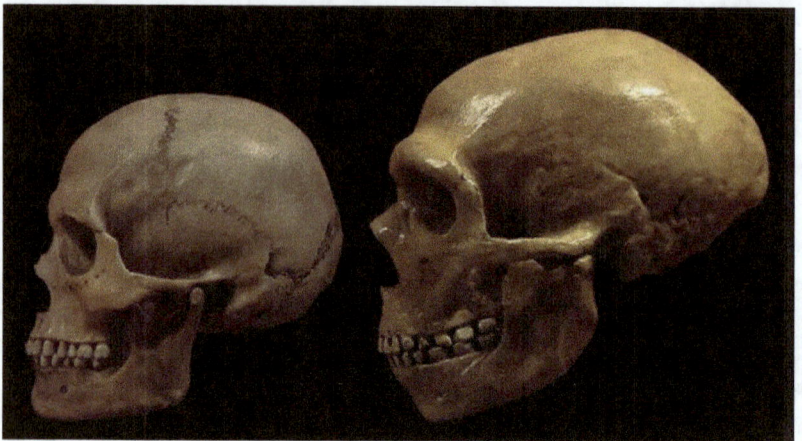

Crânio Homo Sapiens x Homo neanderthalensis

Homo sapiens neanderthalensis era uma espécie humana robusta que viveu entre 135.000 e 30.000 anos na Europa e Ásia ocidental. Eles floresceram tanto em períodos interglaciais mornos quanto nas condições desafiadoras do avanço glacial.

Alguns pesquisadores os consideram como uma espécie distinta, Homo neanderthalensis, outros como subespécie, sendo assim seria possível a miscigenação entre as espécies.

À primeira vista, restos neandertais parecem com os primitivos H. erectus e bastante diferentes dos humanos modernos. O braço e os ossos da perna eram duas vezes mais espessos, indicando uma imensa força em condições adversas. Por outro lado, os corpos eram notavelmente modernos. Eles tinham narizes proeminentes, faces longas e crânios grandes. A capacidade do cérebro era de 1400-1500 cc, fato que excede os humanos modernos, embora a configuração de partes do cérebro seja diferente. As áreas de fala do cérebro neandertalense não são tão desenvolvidas quanto a nossa.

População geograficamente limitada a Europa e Oriente próximo. Especializados morfologicamente para viver em ambiente frio (estrutura óssea reforçada e aparelho mastigador para triturar alimentos bastante rígidos).Viviam em bandos e foram contemporâneos à nossa espécie e desapareceram há 30.000 anos misteriosamente.

Homo Sapiens: nossa espécie é única, cosmopolita, e atualmente não existem mecanismos de isolamento entre as populações humanas. Esta espécie evoluiu a partir de uma pequena população africana a aproximadamente 200.000 anos atrás. Sendo assim os Humanos Modernos são datados a partir dos 130.000 anos.

Entre as principais características temos o aumento do tamanho da caixa craniana. H. erectus para H. sapiens envolveu, anatomicamente, uma diminuição da robustez, tanto do esqueleto quanto dos dentes, modificações funcionais particularmente relacionada à locomoção e o aumento do volume craniano (1330 cm3) e estrutura das mãos para uma melhor destreza manual. Quanto ao aspecto comportamental, a transição trouxe o desenvolvimento de uma indústria lítica mais apurada e com tecnologia de ferramentas diversas, estratégias de coleta e procura de alimentos mais eficientes, organização social mais complexa, o desenvolvimento completo de idioma falado, e expressão artística. Porém, como foi mencionado acima, não há um consenso quanto a origem destes, humanos anatomicamente modernos.

Inicialmente caçadores coletores, posteriormente agricultura fixa e com grande capacidade para aprendizagem.

Se você chegou até aqui, aprendeu um pouco mais sobre esta breve narrativa da evolução da humanidade. Não só quanto ao aspecto físico, mas quanto à capacidade intelectual única que somente nossa espécie foi capaz de assimilar e concernir. Além dos costumes locais e técnicas de vivência em grupo que nos permitiram subsistir inicialmente, coexistir com predadores naturais maiores e ferozes, pré-históricos e sobreviver nos dias atuais, sendo a espécie que mais perdurou, agregou espaço a seu território e conquistou a superfície terrestre.

Tudo isso através de aprendizados, passados de geração em geração, instinto de sobrevivência e inteligência armazenada nos anais das memórias inconscientes. Tudo isso devemos a busca incessante pela perfeição, a capacidade única que nosso gênero possui de trabalhar nossa habilidade mental para nos adaptarmos a tudo!

Nossa evolução como espécie levou milhões e milhões de anos, seu alicerce foi o desenvolvimento da inteligência, o que possibilitou a grande cooperação em grupo, divisão de tarefas, propiciando a sobrevivência em grupo através de ideais imaginários. O tempo fez com que cada vez mais nossa espécie se adaptasse e desenvolvesse meios mais cômodos de resolver os problemas da existência, até os tempos atuais onde estamos. Estamos através das ondas e eletricidade em várias partes do mundo!

No entanto, como veremos a seguir, a capacidade de aprendizado e desenvolvimento de inteligência e tecnologia são marcos temporais! Um coexiste e se desenvolve decorrente do outro, portanto o tempo é o mestre da sabedoria.

Respeite o Tempo

(Trabalhe duro com seu tempo)

Independente do ramo de atuação remunerada que você exerce, se esta ocupação é ou não é aquela que você quer, esteja certo de que você sempre estará atrás de aspirações, logros maiores, proventos melhores, melhores qualidades de vida, melhor conforto, não somente para você, mas também para seus próximos. Esta busca orquestrada pela vida perdura por todos os momentos, de ciclos em ciclos de vida, de pais para filhos, cujos pais deixam patrimônio, de filhos para filhos, em processos de anos, décadas, centenas, milhares de anos. A busca sempre é, e sempre foi melhorar a qualidade de vida em tempo hábil e útil.

Porém em algumas partes deste processo, ideais são quebrados, fortunas entram em falência, são engolidas, são perdidas, mal administradas, economias afundam, tudo se resume às intempéries não esperadas dos planejamentos. Nem sempre podemos prever cataclismos do mundo e ou níveis de evolução econômicos já defasados, mas o que rege a orquestra é a batuta do maestro. O planejamento.

O povo que possui o domínio da informação é a civilização que mais avança em tecnologia e capital.

Não podemos diretamente atribuir a falta de planejamento a má gestão e a outras coisas como situações de desequilíbrio social e econômico devido a condições geográficas, mas, sua correlação é praticamente concisa, isto é, andam juntas.

Um povo praticamente escravizado, onde seus bens de produção são exportados devido a falta de tecnologia para manufatura própria por dependência de um mínimo de capital que lhe é pago para comprar seus recursos, sempre será "escrava de mão de obra" de outro povo, pois se contentam com o mínimo que lhes pagam por sua commodity bruta.

Correlativamente como mencionado, esta já é uma questão perdurável que se arrasta, tramando a escassez de recursos através dos anais dos tempos.

Portanto, planejamento é um conjunto de metas conglomeradas a serem alcançadas que te fazem prosperar com os recursos que possui, independente da sua condição econômica social, individual, para aprimorar o processo e adquirir meios de subir na cadeia, "transformar o produto bruto em produto final."

Desde que chegamos a vida, temos a referência de nossos pais e ou familiares como exemplo, e conforme crescemos, nos moldamos e adaptamos nossas aspirações e gostos a nossa personalidade, conquistando assim nosso "lugar no mundo". Começamos a trilhar o nosso caminho próprio de escolhas. Enquanto jovens na adolescência seguimos a partir daquilo que acreditamos. Nós aprendemos, erramos, acumulamos experiência, formamos bagagens e seguimos adiante lutando por nossas metas.

De modo geral, se você é um comerciante, promove uma empresa, promove seu produto, ou sua imagem como profissional, sabe que a partir de agora sempre buscará a perfeição. Leva-se tempo para consolidar-se no mercado, desenvolver um produto, estratégias de venda, venda casada, períodos de desconto, estudo de mercado, pesquisa. Tudo leva tempo e devemos respeitá-lo sempre! Principalmente devemos ter atitude de estudar muito, estudar as relações interpessoais que somos capazes de desenvolver com nossos clientes, pois isto é à base de confiança entre vendedor e cliente.

O cliente compra porque confia em seu serviço, você vende seu produto, pois imagina que ele tem muito potencial e qualidade, em um resumo básico de vendas, você exemplifica de forma fácil e compreensível em um linguajar individual para cada cliente os benefícios de aquisição do seu produto/serviço ofertado, logo expõe os custos/benefícios em ter o seu produto/serviço. E uma das principais etapas de vendas, é a flexibilização de preços de acordo com a média de mercado e tecnologias de pagamento, mas a principal etapa sem dúvidas, é o carisma, a eficiência do produtor/vendedor, sem dúvidas, um vendedor animado com ideias muito bem trabalhadas e um estudo total, "perfeito" sobre seu produto é imbatível!

Leva-se bastante tempo, muita destreza, observação e experiência além de algumas faculdades para se tornar um profissional respeitado, principalmente se você é filho de comerciantes locais em uma cidade pequena e tem de assumir e ou entrar nos negócios da família. É nesta hora que você tem que ser o melhor, aprimorar demais suas relações locais, focar em promoções periódicas. E ou se não se retirar, planejar com muitas outras metas, respeitar seu tempo de experiência a serem acumulados e partir para outras tentativas. Tudo, tudo seguindo seu roteiro, o planejamento principal, estude muito suas metas.

O que você deseja conquistar no seu futuro? Sempre continue estipulando seu planejamento de futuro, presencialmente conquiste a realização de suas metas, preocupando-se relativamente com o tempo de realização das mesmas, estipule prazos, seja firme e os cumpra.

Dia após dia suas metas serão os "tijolos" acima do alicerce que complementarão no final sua "realização pessoal" o planejamento alcançado. Suas metas serão as etapas que você cumprirá diariamente para que no final tudo se encaixe e seu planejamento seja concluído. Estes degraus em ajustes serão as etapas para dar certo o que você estipulou, deslumbrou para seu futuro:

Para você que planejou concluir um curso de formação profissional, uma faculdade tem de passar por etapas... concluir os semestres, frequentando as aulas, estudar, realizar provas e trabalhos, atividades práticas, concluir os semestres, finalizar os bimestres, passar pelo período de férias, conferir suas médias e além de tudo, externamente planejar sua vida particular financeira, social, etc.... respeite o tempo destes processos e cumpra suas metas, por mais árduas e massantes que sejam, você tem que aprender com todos estes momentos.

Sem delongas analógicas, todo campo da área comercial, de bens ou serviços, sem exceção, o profissional deve ser um previsionário, ou seja, ter instinto para previsões de mercado.

Sejam estas previsões, observar com base lógica, ter o Feeling (habilidade) de prever se um novo produto alcançará suas prospecções no mercado, se um produto ou bem de serviço entrará em alta em algum período de tempo, se haverá reajustes periódicos sobre o mesmo, atualizações, ou simplesmente na pior das hipóteses se o bem ou serviço cairá em desuso. Resultando em mudança de planos.

Você já é formado, ou vai se formar, fez tudo buscando a perfeição em seu aprendizado em sua vivência, em suas práticas, agora é hora de atuar no ramo que tem maiores aptidões e se inserir no mercado de trabalho.

Não se preocupe se já trabalha no ramo em que estudou, ou se paralelamente estuda e trabalha em outro serviço que não é a sua área e simplesmente o mercado não te dá oportunidades, novamente, planeje suas metas, como você vai proceder para que o emprego que procura chegue até você.

Será que lhe falta alguma especialização? Lhe falta alguma recomendação? Ou sua cidade não possui o ramo que você almeja? Estude planos, faça suas metas, vá atrás, planeje mudar de cidade, junte dinheiro para isso, ou junte dinheiro para abrir o seu comércio, isso mesmo, seu comércio, faça sua oportunidade, ninguém ganha muito dinheiro trabalhando para os outros. Procure a melhor instrução total sobre seu ramo de atuação, se possível, quando não se tem experiência aceite algo supervisionado na forma de voluntariado, observe o mercado antes de empreender, cada experiência adquirida é um conhecimento, conhecimento é parte de suas metas de vida!

Sua devoção a algo é o que está emanando em você que lhe faça bem! Algo que você gosta, uma coisa que lhe traga bons preceitos, boas energias, bons fluidos, sobretudo quando é algo bom, algo correto, em boa parte aprovado e mediado por pessoas externas, que lhe exaltam a "moral" (o que você acha que os outros pensam de positivo a seu caráter), e lhe seja ético (o que você faz que possa ser reconhecido pela grande maioria das massas como algo certo a se fazer dependendo do cenário em que você se encontra).

Seu planejamento é uma forma de fé, pois independente de tudo e todos, da pluralidade, em você ele é singular, somente você acredita, e se você não exercitar seu planejamento e não botar os princípios que adquiriu em prática de forma coesa, em sua relação diária com os desafios propostos pelas adversidades da vida, planejando suas metas, sua "fé" cairá em descrença, você se perderá, bem antes de construir solidez em um planejamento que você julga ser importante para sua escolha de vida, seja ele sazonal, pessoal, coletivo, financeiro, social, etc....

Pense partindo de algo bom que seria um novo planejamento que lhe beneficiaria, beneficiaria a outros, o todo. Pensando assim você está se encaminhando para uma postura mais elevada em seu intelecto, pois coisas com intenções boas revigoram o espírito. Nada lhe prende a não achar certo lucrar com aquilo que você faça de melhor, estipulando seu preço, seu aporte de permuta, porém sobram ressalvas, de como não extorquir os menos cultos e favorecidos mediante ludibriação por egoísmo de sua parte.

O estímulo, sempre é sua cultura adquirida! Seu estudo, seu conhecimento, cada etapa do seu dia em que você estuda, aprende algo novo, lhe promove uma sensação corporal, de satisfação pessoal (serotonina), fisicamente, mentalmente e espiritualmente. Pare para reparar em você mesmo após este processo ocorrer, em um dia de estudo se não lhe estou falando a verdade... Preste atenção em sua relação com o mundo, e como ela muda, e sempre mudará com cada experiência de conhecimento adquirida!

Este livro de aprendizado não te inclinará sobre qual planejamento seguir em sua vida de acordo com seus sonhos e ou aptidões, mas, sobretudo, se inclinará a seu entendimento quase total, ou total a importância cronológica temporal a que você deve dar a suas metas de planejamento. Pois para cada pessoa, é diferente o modo de pensar, as razões de sua própria escolha e existência, seu planejamento é diferente das demais outras pessoas!

A título introdutório, o planejamento de sua escolha deve se basear em um pensamento intermitente, o qual não tenha fim, seja latente em sua mente, e perdure por todas as etapas de sua vida, este planejamento que você escolher, não deve ser passageiro, como uma fase de vida, deve ser algo forte, onipresente, e em sua mente e no coletivo deve ser onipotente, atemporal. Resumindo: intrinsecamente é o que você gosta ou gostaria de fazer, o que invade seus sonhos, seu pensamento quase todas as horas.

Um exemplo: a publicidade presente no mundo, busca implementar nas pessoas ideias novas, difundir produtos ou bens de serviço que ajudem a tornar ainda mais prática a nossa vida, porém boa parte destes estímulos propositalmente é feito para nos causar dependência, necessidade daquilo que nem sempre precisamos, criar tendências. Boa parte disso se reflete em nosso molde evolutivo, desde o nosso ancestral comum, até nossa concepção atual, Homo Sapiens sapiens.

Nós somos a única espécie no mundo que acreditamos no imaginário, em coisas que não existem, como religiões, sistema monetário (digital hoje em dia), previsões tecnológicas, IA... Entretanto, coisas assim como estas, as quais podemos projetá-las através de concepções experimentais de planejamento, podem ser transformadas em realidade.

Em diminuta, ao objetivo cronológico deste aprendizado, é a necessidade implantada a força para que nos mantenhamos inclusos na sociedade diariamente, esta que somos expostos diariamente. Ela dita o nosso caminho futuro como espécie em convivência conjunta, inclusive a aparição de novas modalidades de negócios, bens de consumo ou serviços.

Onde o princípio de novos produtos baseia-se em algo inovador que promete suprir necessidades, algo que não exista, mas que todos precisem. (Ex: Carros elétricos, energia sem fio) Esta é a chave do sucesso em se desenvolver coisas novas. Não obstante, este é o seu planejamento que deve emparelhar com o pioneirismo criativo. Relembrando de forma sutil, este aprendizado aqui exposto destina-se a ordem organizatória de seu planejamento a curto e longo prazo. (- firma-se aqui o compromisso de que em uma sequência editorial eu possa elucidar a você estimado leitor, caso você não possua indicativos sobre o que seguir e aspirações a qual se inclinar a obra com a vertente de "como despertar sua criatividade vocacional".

Como lidar com o tempo inútil

(Tempo com metas primárias que o momento exige)

Se você é ansioso com suas metas, até as mais simples, metas de minutos, horas, períodos do dia. Onde mentalmente estaria tudo planejado, desde o amanhecer em seu despertar, metas arquitetadas e estipuladas no dia anterior anoite, semanas passadas ou meses passados, então você sabe o que é surtar de desespero, quando a vida lhe golpeia fazendo com que seu planejamento suma ou te faça retroceder!

Suas metas se esvaem, aquele vazio te preenche de pura ansiedade, stress, este, que muitas vezes você não pode manifestar oriundamente ao mundo, com a ênfase que se deve, perante a uma ira reacional justificável.

Coisas inesperadas acontecem o tempo todo, desde ir a seu serviço de manhã,que seja 5:15 da manhã e encontrar um animal morto na sua calçada, ter que envolve-lo em um saco, levá-lo a uma área de mata aberta, e mesmo assim ter que correr para bater sua digital no relógio ponto da empresa. A tarde novamente, as coisas saem do controle: algum parente fica doente, você tem que lidar com imprevistos, ser humano, você tem que pagar contas, levar o parente ao hospital. Após você trabalhar de dia, você fica a noite no hospital também.

Você com certeza fica sem ar! balbucia soluções inexistentes, vê sua gasolina acabando e não tem nenhum centavo. Você que paga as contas da casa.

Pois é, esta é a vida que não foi planejada, o tempo inútil, onde você não pensou em nada, se não, resolver os problemas dos outros, seu pensamento libertino de costume ficou preso nas limitações humanas, em problemas inacabados dos outros.

Mas você não pode desistir, você irá avante! E não se dará por vencido! Afinal, estamos vivos! Você encaixará parte dos teus planos na sua nova realidade que foi alterada. O tempo que lhe foi reduzido.

O que eu quero lhe mostrar neste breve exemplo, em situações que vivemos e sempre viveremos, é que o importante para que você entenda, o tempo, ele nunca estará a seu favor, desde o dia em que você nasceu ele sempre será seu inimigo, eu sei, é uma competição desleal, pois o tempo sempre foi contínuo, e nunca acabará! Nós humanos demos um "jeito" de medi-lo em um intervalo de tempo. Mas o tempo nunca terminará, ele é imortal, o que nos resta fazer é aceitar nossa humilde condição de sermos aprendizes do tempo e lhe dar a devida coexistência com nossa espécie humana, porque nós como seres acabaremos, mas o tempo não.

Porém em seu ponto de vista de tempo, você pode retardar, ou vencer algumas etapas perante o tempo, comprimir o tempo. Pois o tempo perde batalhas, mas nunca a guerra. E são nestas batalhas que você poderá vencer, com sagacidade e planejamento, pois "as oportunidades favorecem as mentes preparadas".

Não é só com você que coisas assim acontecem. A quebra de metas, ansiedades de nervoso, tudo isso só não acontece com quem não possui planejamentos na vida, ou que de certo modo sua vida já está "planejada".

Apesar de tudo, de tentarmos fazermos nossas escolhas, a força superiora que nos rege, mesmo nos dando escolhas de vida, já sabe as escolhas que iremos fazer, e isso é importante, importante saber que apesar das coisas terrenas a sua volta, que ocorrem a seu redor, você deve pautar sempre seu planejamento em longo prazo, não de forma interminável a ponto que desista, mas com uma margem temporal de segurança garantida, para que tudo flua naturalmente, e quando você souber respeitar este tempo, as coisas acontecerão, acontecerão e você saberá enxergar esses "checkpoints" alcançados. Estes são os objetivos firmados em cada conclusão de meta, rumo à construção de seu planejamento!

"Seja inabalável, se em seu dia você não conseguir alcançar um objetivo de uma meta, não se preocupe, vença dia após dia, e com saúde acordará bem para correr atrás dessa meta. Não é todo dia que vencemos, perca a batalha mas não a guerra."

Quero deixar claro que o tempo "inútil" é obrigatório, pois é ele que regula sua intensidade motriz, regula sua ansiedade, seu controle, afinal, de que adianta pensar e pensar em você vivendo seu planejamento ilusório em sonhos, sendo que você não trilha caminhos ou metas para alcançá-lo! Para você que vive para ilustrar sua vida com seu planejamento trilhando metas, e não para de pensar nisso, se faz necessário este pause break, onde o tempo inútil atua, pois ele faz você voltar a ter os pés no chão e te dará forças mais e mais para fortalecer os alicerces de suas metas, coordenando seu pensamento em decisões.

Muita atenção! Este tempo inútil jamais deve perdurar muito tempo em sua vida, ele não deve perdurar mais que um dia, pois julga-se tempo inútil aquele que te obriga a pensar em sanar problemas primários ou resolver algo para você e outras pessoas, algo que esteja atrapalhando a sequência normal de seus afazeres de modo que seja resolvido rápido. Uma etapa rápida para retomar a sua normalidade.

Um breve exemplo disso é um assalariado que trabalha com disparidades, conversão de medidas, ajustes, clientes diversos, operadores de comunicação, etc. Estas pessoas vivem um tempo inútil, enquanto estão em seu emprego com coisas que ela mostra resultados para a empresa, para seu patrão, mas não seria necessariamente aquilo que ela estaria pensando se não precisasse trabalhar.

Por fim, este tempo "inútil" é o que é necessário para também garantir no caso do assalariado a sobrevivência no meio capitalista, (seu salário) e no caso dos afazeres gerais intermitentes que lhe surpreendem. Todavia, preste atenção! Não deixe com que este tempo "inútil" tome sua vida, pois se não sua vida passará no automático, na frente de seus olhos e você não haverá construído e ou feito nada de significativo.

Lembra-se do que foi dito acima ? Para não perdurar mais que meio dia este tempo inútil? pois é, você não está focado em trabalhos, obrigações e afazeres vinte e quatro horas por dia! Você também tem tempos de descanso, como horário de almoço, após suas obrigações, então pense, projete, estimule sua mente, seja capaz de arranjar tempo para você, em seu horário livre, pense em metas de alavancagem que você quer para seu futuro! Há muitos meios de ir convertendo tempo inútil em tempo "inoperante"!

Mas tempo inoperante não tem nada a ver com outra conotação ruim como "inútil", mas tempo inoperante é aquele que você não é capaz de proceder, operar, mas é o tempo em que você liberta seus pensamentos e pode organizá-los e estipula-los, mesmo não podendo efetivá-los naquele momento, como veremos a seguir!

Tempo Inoperante

(Te permite pensar e não fazer, então não faça, pense!).

Aposto que você já faz isso, mas não com a qualidade, esperteza e dedicação que este esforço merece.

Você sabe o que é atenção seletiva?
Como o próprio nome diz, é a atenção que você dá a algo ou alguém na parte que te interessa, pode ser a parte que mais lhe interessa, pode ser no todo que lhe interessa, mas a ideia de que a atenção seletiva seja um filtro do conteúdo que se quer captar de um determinado pensamento, assunto, conhecimento, tipo de ação. O resto simplesmente é arquivado como algo menos importante, ou é descartado.

Para entender esta etapa do tempo, parta deste princípio, mas não o generalize, pois o todo para o entendimento de suas metas de planejamento é muito importante.

Tempo "inoperante" significa que você não está operando, ou seja, não está agindo em totalidade para conquistar aquilo que você realmente almeja, mas nada impede você de pensar e idealizar o que almeja, tratando-se de funções que você exerce de forma automática.

Então, porque você não exercita suas metas de planejamento, enquanto está no modo automático? Isso ocorre porque as pessoas não sabem como proceder direito.

Primeira regra deste capítulo: Não trabalhe no automático, pensando no automático.

Um advogado, um contador, um atendente de loja, um pedreiro, qualquer um destes pode cometer este erro. No caso do pedreiro, ele já bateu a massa do reboque, já colocou no carrinho de mão para começar a chapar a massa na parede. Então ele começa a chapar a massa na parede, colher cheia atrás de colher cheia, e a massa boa reforçada com bastante cal, com a liga boa vai aderindo a parede sem cair, e sucessivamente ele vai...

Seu erro é que enquanto ele está trabalhando em modo automático, ele está pensando em coisas automáticas, como o que comeu, o que vai comer, contas que vai pagar, na hora que vai acabar o serviço. São coisas triviais, aquelas que já sabemos a resposta, mas distorcemos estas incógnitas simples, a ponto de elas ocuparem integralmente o tempo de dicção vaga de seu cérebro, que isso passa a ser rotina. Para pessoas menos instruídas e obstinadas, esse modo de operação cai no automático padrão.

A pessoa não tem obstinação na vida, as vezes simplesmente não tem planos, metas e muito menos um planejamento articulado. Simplesmente algumas destas pessoas agem por impulso.

Segunda regra: Não trabalhe no automático, pensando temporalmente.

De forma mais simples, um acionista perdeu a pouco tempo boa parte de seus investimentos em renda variável, o retorno esperado não foi muito positivo para as previsões que estipulou até o presente momento, em relação aos recebíveis.

Enquanto ele está trabalhando em outro emprego sazonal, ou em seu próprio escritório para ele mesmo, ele estará pensando enquanto faz coisas automáticas, no que ele poderia ter feito para recuperar os dividendos, seus investimentos, etc....

De certo é uma forma boa de aprender para o futuro com os erros do passado, mas, se martelado sistematicamente, torna-se uma forma de martírio, e com certeza mais coisas fúteis em seu caminho. Em contrapartida, as metas presentes podem atrapalhar o futuro.

A mesma forma equívoca no pensamento de tempo inoperante automático é aquela pessoa ou profissional que pensa muito, muito em um ou vários planejamentos, mas não executa nem traça metas para construir seu caminho até o planejamento principal, somente fica vivendo de ilusão em pensamento. E acaba não trazendo as metas para o plano real, estipulando um futuro sem a construção da base da realização, as metas.

Podemos também julgar como errôneo o hábito angustiante de ter vários tipos de planejamento, como se tentasse abraçar o mundo, sem rumo, sem foco e por fim não fazendo nada por ter muitos pensamentos e não saber onde concentrar suas energias.

Terceira regra: Seja o presente e esteja no presente.

A partir de agora, no seu tempo presente, agregue o que você desenvolveu de aprendizado, inclusive com esta obra, conglomere com seus conhecimentos e projete-os no futuro.

Sem pensar o que deu errado no passado quanto as suas más escolhas, somente capture e guarde os bons prospectos obtidos, e quanto ao futuro, não tenha medo, queira você ou não ele vai acontecer, e algum fim vai dar. Para cada momento de dúvida, faça boas escolhas, para perpetuar a perfeição que deseja obter.

Voltemos ao exemplo anterior do construtor, que trabalha de forma automática pensando em coisas que ele já sabe que tem que cumprir, como contas a pagar, mas que não são pensamentos de alavancagem de cunho pessoal ou profissional, que lhe poderão agregar estímulos proeminentes de como melhorar sua produtividade.

Ou ideias lineares ramificadas de como melhorar sua condição financeira, conquistar sonhos, neste caso ele não está exercitando sua capacidade cerebral por completo, muito menos aproveitando seu tempo de atividade automática (tempo inoperante).

Um operador de máquina, que arremessa enxadas para serem limpas em uma máquina de abrasivos, tipo granalhas de ferro e tem que esperar quinze minutos o equipamento encerrar o ciclo. Se neste tempo que lhe sobressai, se ele não pensar em metas, e desenvolvimento pessoal e ou progressão em sua vida, também está parado no tempo e somente deixando a vida o levar.

Ou mesmo o comerciante que de certo modo está em seu trabalho, vínculo empregatício, ou dono de comércio e atende seus clientes de forma automática, sem exercitar a interpessoalidade que se deve a cada cliente diferente que aparece em seu comércio e em seu tempo livre também não exercita as faculdades capacitivas intelectuais de estipular metas, como inovar em seu negócio, crescer pessoalmente, melhorar a sua vida, também perde um pouco da existência no meio em que vive, através das brumas do tempo.

Estas pessoas estagnam, vivem de forma maçante e jocosa. Sem objetivos, e sem razão de sua própria existência.

A escada rumo a mudança de pensamento está naquilo que você é, e busca ser, o conhecimento que busca a cada minuto, que lhe excede, que lhe tira o fôlego! Uma fonte interminável de evolução, o que resume nosso gênero em espécie, Sapiens, "Homem Sábio."! A única coisa que nos difere dos outros animais. A capacidade evolutiva de pensar, projetar e criar. Tornar algo inimaginável, real.

Com toda a certeza nossa capacidade de pensar, é extremamente ligado a nossa necessidade, modernamente, desenvolvemos contas bancárias virtuais, e pagamentos efetuados em débito automático, configurados através de um smartphone, devido à importância de se economizar tempo, e bloqueio de contato pessoal diante de uma pandemia mortal, que fomos expostos recentemente.

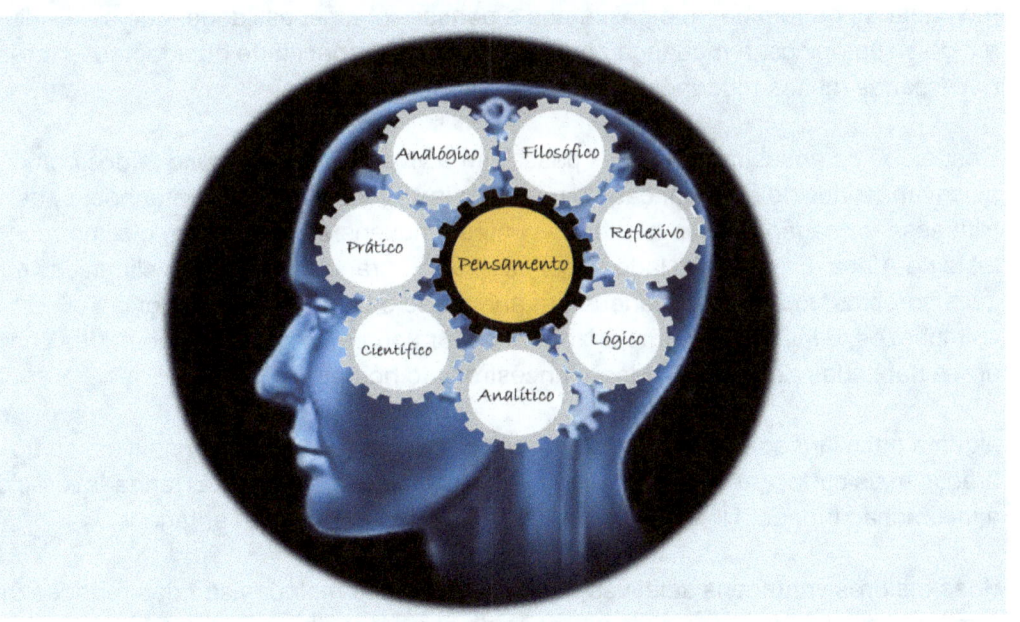

Recapitulando. Do dinheiro virtual hoje e retrocedendo séculos atrás, peças que representavam valores, moedas, no século VII antes de cristo na Lídia (atual Turquia), feitos com a cunhagem pelo martelo, eram emitidas a quantia desejada, os signos monetários foram valorizados, pela nobreza, os metais mais utilizados, como ouro e prata.

Anteriormente a isso, como decorrência das necessidades individuais, surgiram as trocas de mercadorias, e em conjunto a isso derivações de vocábulos como "salário" pagamento feito através de certa quantidade de sal. Imagine como evoluímos e como pensamos hoje. Onde estamos hoje, no dinheiro virtual, variações de mercado, dinheiro investido de forma especulativa em apostas nas tribulações da renda variável, controlados por um celular, viver nesta época dos antepassados iria parecer loucura! Mas já vivemos isso.

Mais e mais anteriormente, para entendermos nossa evolução como espécie e o momento de origem em que passamos a pensar, foi a necessidade, que se dividiu em dois subtópicos: a mudança no ambiente e sua capacidade de adaptação foram necessárias muitas mudanças em nosso comportamento.

Desde que os ancestrais primatas passaram a viver em climas muito áridos como as savanas, devido a mudanças no relevo (criação das cadeias montanhosas) de Rift, essa formação passou a reter os ventos e nuvens e modificaram o clima no leste da África. Enquanto o lado oeste não sofreu grandes mudanças climáticas e suas florestas tropicais permaneceram abrigando os ancestrais dos gorilas e chimpanzés, o lado leste caracterizou-se por um aumento gradativo de aridez nas áreas habitadas pelos hominídeos (ancestrais do homem).

alguma peculiaridade dos ancestrais arborícolas dos hominídeos primitivos, como braços mais curtos, assim como alguma pré-adaptação anatômica, tenha favorecido a locomoção bípede. No entanto, para isso acontecer, haveria vantagens.

Suas maiores vantagens seletivas eram: permitir uma melhor visão das redondezas (prevenção de predadores e visualização de alimento), liberar os membros anteriores para novos tipos de comportamento (melhor aproveitamento das mãos na manipulação de ferramentas e no transporte de alimento) e diminuir a área do corpo que sofria a incidência solar no campo (possibilitou a procura de alimento nos horários mais quentes, quando os predadores, estavam inativos).

O aperfeiçoamento do bipedismo deve ter ocupado a maior parte do tempo subsequente. As diferenças entre os gêneros Australopithecus e Homo mostram cerca de dois milhões de anos para se aperfeiçoar. Vivendo em grupos, em cavernas, cujas necessidades básicas eram, defender-se do frio e da fome, coletando e caçando pequenos animais.

"Como o pensamento sempre esteve acompanhado da evolução, e vice e versa, e com o desenvolvimento da inteligência, a espécie humana desenvolveu maior necessidade de conforto, e passou a reparar em seus semelhantes". Principalmente na necessidade que possuímos hoje de desenvolver coisas novas através da tecnologia, sobretudo facilitar nossa vida, nos gerar praticidade e conforto. Portanto a chave do sucesso é deveras investir em um negócio de alta liquidez, satisfazer uma necessidade que todas as pessoas possuam, não importando se é algo novo (algo útil, novidade no mercado para simplificar nossa vida) ou algum serviço ou produto já consumido de forma regular com melhor roupagem buscando melhores usos e ou condições.

Então, se você está trabalhando arduamente naquela máquina de repetições que não exige muita atenção e você pode vislumbrar insights construtivos de suas ideias ou metas durante sua produção, o faça! Você tem que melhorar de vida !

Se você está pintando uma casa, trabalhando com isso, ou demais "obras" ou feitos automáticos de sua vida, aproveite cada centelha de tempo inoperante (aquele que você não exerce, mas cria intelectualmente pensando.). Para alavancar suas metas de planejamento, sejam elas quais forem! O tempo está a seu favor, são vários, incontáveis lapsos de tempo em que você pode operar apenas mentalmente, e o melhor de tudo, é tudo de graça e elaborado por você mesmo, sem participantes diretos.

Respeite a sequência de elaboração de cada parte do processo de suas metas, e desenvolva-as. O próximo capítulo é dedicado a você, que não sabe o que pensar, nem como organizar seus pensamentos, de modo que estes ao fim do dia possam estar atualizados e previamente gravados em sua memória. Conte com aquela sensação de realização, por mais que seja uma fagulha do que o todo representa, você conseguiu dar algum início, e com certeza vai dar uma continuação.

A leviandade com que você deve tratar cada segundo de ansiedade por pensar em suas metas em momento desapropriado é necessária, pois sempre há um tempo certo de se pensar, um tempo só seu, onde a calmaria predomina e tudo se encaixa. Cálculos de prospecção da meta podem ser executados de forma simular as etapas que encurtarão seu caminho rumo ao sucesso de seu planejamento.

Então até agora você foi advertido de como é difícil vencer as adversidades do dia a dia, você sempre anda buscando a perfeição em todas as coisas que faz, até na hora de pensar em suas metas. Você está respeitando o limite de tempo em que as coisas acontecem, as quais você não tem controle algum e acaba entrando em consenso com sua forma de agir e enxergar soluções. Está contornando o tempo inútil, operando de forma anônima e eficiente no seu tempo inoperante. É um avanço tremendo!

Sua forma de pensar e enxergar o mundo se expandiu prodigiosamente, agora está na hora de sua recompensa... Entender tudo o que você pode construir no seu tempo útil, tempo valioso! Este é o tempo de foco único em seu planejamento!

Tempo Útil
(Onde tudo é amplamente trabalhado, onde tudo pode acontecer!)

Com toda certeza, você já fez ou faz os procedimentos que vou lhes descrever. Mas de forma errada! Espero que esta prescrição ajude a desbloquear o que há de entrave pertinente a sua forma cognitiva de capturar insights de ideias, armazená-los, para converter o pensamento disforme bruto, separando esta dicção específica de modo que se dê a devida atenção seletiva. Posteriormente decidido a origem do pensamento de metas e planejamentos, infunda-se o desenvolvimento articulado, onde este abrange várias direções possíveis de "encaixe" a ser prostrado. Dando rumo e direção ao pensamento filtrado, comprime-se a ideia. Esta sequência é a segunda etapa de tratamento de seu produto imagético, trata-se de seu arquétipo de construção, o seu "produto escalar". Nele lhe caberá o organograma estrutural de metas, ou seja, todo o percurso que você delimitará para encurtar a chegada em direção ao seu planejamento final.
Feito isso, com muita destreza, dedicação, objetividade e seriedade, é hora de pensar em tudo o que pode dar errado, em cada etapa do processo.
Seja minimalista.

Representando o projeto de planejamento acima de forma pragmática e esquemática temos:

- Insights: capture todo tipo de ideia que o circunde, que o atraia que esteja atrelado a você ao seu ser como se fosse uma incumbência, que julgando profundamente você terá capacidade de tornar este "achado" real, algo que você se sinta especial e realizado em se propor a fazer, a curto e a longo prazo.

- Armazene tudo o que você pensou sobre a atmosfera ao redor do que você se propôs a pensar, se possível anote de imediato. Ttudo isso depende em que "tempo" você está.

- Separe, filtre, converta tudo aquilo que você julga necessário para abranger como uma meta plausível, traduzindo: afunile a ideia, encurte os caminhos, discrimine o que é viável do que é inviável para a concepção do projeto de planejamento e opte pela direção e meios mais plausíveis para a execução. De rumo a idéia.

- Construa, faça testes. O que você pensa de construção de um produto imagético? Pense em escala, a curto, médio e longo prazo, o que você deverá seguir, quais serão os eventuais investimentos, versus os retornos que irão ter. E com o passar do tempo como seu planejamento será? Quais são as metas necessárias a se bater? se reinventar?

Para alcançar as metas calculadas. Trate sua ideia como um produto escalar, cheio de altos e baixos, nesta etapa você delimitará quais são os desafios a serem transpostos em cada etapa de suas metas.

- Pense em como <u>acelerar o processo de concepção</u>, pense de forma correta, mas sem acelerar o pensamento, afinal respeitamos as brechas do tempo, não corte os caminhos realmente necessários.

- É hora de pensar em <u>tudo o que pode dar errado,</u> em cada etapa do processo, analise cada curva de suas metas, evitando e prevenindo para futuras "tempestades" na concepção.

A capacidade de múltipla função, está ligado a sua prática adquirida em almejar conquistar objetivos diários, "checkpoints". Defina em seu cronograma diário a duração em horas, ou mais sistematicamente em minutos o início e término de cada atividade. Não se engane, cumpra os prazos de tempo religiosamente, esse é o segredo da multifuncionalidade!

Dizem por aí que não se deve desenvolver vários projetos ou metas ao mesmo tempo, (como querer abraçar o mundo todo de uma só vez), mas se você leva em consideração o que as pessoas dizem ou pensam de maneiras infundadas, o conhecimento deste livro com certeza não é para você, pode parar de ler por aqui.

As pessoas estagnadas, que não tem aspirações de vida e nem objetivos, com certeza vão lhes confrontar negativamente sobre aquilo que elas próprias não conseguem fazer, como por exemplo, ter assimilações múltiplas. Se essas assimilações múltiplas forem regradas, desenvolvidas paralelamente com a mesma atenção e peculiaridade que cabem a cada uma, as metas mesmo que dissociadas temporalmente (uma de cada vez a seu tempo) irão funcionar ! E eu lhe provarei de duas formas: uma concreta e outra lisonjeira.

A concreta é, se você consegue pensar em suas metas, trabalhando em outra coisa de forma automática como visto no capítulo anterior, você está exercendo a múltipla atenção com competência.

Um exemplo lisonjeiro lhe digo que atualmente são meus projetos, enquanto reúno conhecimentos durante dias para registrar este aprendizado a vocês, trabalho na modalidade CLT efetivo. No trabalho penso em outras metas, garanto a manutenção da casa e de nossas vidas com poucas sobras financeiras, trabalho aos finais de semana também, onde conduzo outras metas como: investir parte da renda extra em fundos imobiliários e concomitante a isso, possuo uma marca de consumíveis, porém a múltipla atenção em metas não para por aí, sei que se não for bem orquestrado a gestão dos custos de produção, versus os gastos dos três, ou quatro setores de planejamento que promovo, estes entram em colapso.

Não devo retirar de minha marca de consumíveis, algum tipo de lucro, sem garantir o mínimo para o abastecimento da matéria prima, não posso querer investir toda a parte do salário CLT ou do outro trabalho extra, ou mesmo, o ganho da marca de consumíveis em fundos imobiliários. Apesar de tentador e gerar uma renda fixa todo mês mediante ao aumento cada vez maior de cotas, não posso sucumbir ou inferir aos interesses meus próprios.

Tenho de tratar cada setor de metas independente, para que cada um se desenvolva e cresça individualmente, sem sabotar um ao outro, sem retirar dinheiro de um para auxiliar o outro. Outra parte que lhe cabe de modo geral a este raciocínio, é que o segredo de prosperar é nunca vender aquilo que você conquistou e lhe dá renda, para investir totalmente em outra coisa que estipula-se ser o correto. Um breve exemplo é: se você possuir dois terrenos para construir casas que te deem uma renda, se você optar por vender um dos terrenos para construir no outro, assim sacrificando um e compensando o outro com custos, você está totalmente errado, nunca venda nada daquilo que você tem!

Consulte um financiamento, construa em pouco prazo de tempo, parcele e comece a receber os aluguéis das duas casas, empate o lucro mensal com as parcelas de financiamento, e se você for mais esperto ainda, construa quatro casas menores em vez de duas grandes para aumentar seus recebimentos.

Potencializar o tempo útil
(raciocínio rápido)

O raciocínio rápido é a forma mais competente e completa de converter o tempo inútil em tempo útil, imaginemos algumas situações:

Você está correndo contra o tempo, tudo que quer é chegar em sua casa, tomar um banho, descansar, <u>sempre pensando em executar as metas de seu planejamento no seu tempo útil hábil,</u> porém deve passar no mercado ou em outro lugar carregar coisas em seu carro. Se você sabe que a porta melhor para desembarque de coisas é a porta traseira do passageiro, que é a porta traseira da lateral direita do seu carro que dá acesso ao corredor de sua garagem rumo a entrada da casa, obviamente você pensará nisso antes de carregar de qualquer jeito seu carro. Isto é, pensando em coisas corriqueiras menores, caso contrário, coisas maiores serão guardadas no porta-malas.

Você tem que sair, porém é preciso tratar os animais de estimação. Passar um tempo com eles, lhes dar atenção, não sei você, mas eu tenho uma gata e um cachorro, que se dão super bem, e dormem juntos, brincam juntos, mas na hora de comer a gata sempre chama mais a atenção para comer do que o cachorro, pois a gata é menor, come mais vezes em porções menores, então espontaneamente seu raciocínio dedutivo lhe permite conferir que a ração da gata deve ficar em um local mais acessível, e mais prático de se manusear, se você geralmente está com pressa e trabalha sua escala de tempo "milimetricamente".

Atualmente para nos dar maior conforto e praticidade em nossas vidas, controlamos nossos vencimentos (ganhos mensais) através de uma portabilidade que nos permite receber através de um banco digital, o qual também possuímos cartão de débito ou crédito, mas com maior agilidade e ganho de tempo, podemos transferir dinheiro por pix, pagar contas por leitura de código de barras e ou débito automático na conta. Tudo isso para evitarmos de ir em agências bancárias e ou comércios de pagamentos, evitando filas e desperdício de tempo.

A única coisa onde não haverá facilidades para você, se você não se programar com gastos, é seu planejamento de vida, aquele que você assumiu ao executar as etapas de suas metas, afinal estes não se descontam em débito automático, nem se conquistam com um pix, QR code, etc.... Ninguém fará por você. Somente você depois de estudar a viabilidade de seu planejamento, estudando-o a fundo, como explicado anteriormente, assim, somente assim poderá converter o planejamento do plano imagético para o plano real.

Um exemplo de realização real claro disso, é este livro, assim como os capítulos deste livro não foram projetados ao acaso, em suma para outorgar a construção deste "script" houve-se muito tempo dedicado a pesquisa, fundamentação, metas de planejamento e contextualidade, para tornar-se este, uma leitura agradável e de fácil entendimento, por partes os títulos de capítulos, foram previamente estipulados, abrangendo uma coligação progressiva entre os conteúdos em sequências de aprendizado.

Estimulo e recompensa:

Pensa-se como um animal, um cachorro, deveras, que aos passos do tutor adestrador ou guia, aprende sempre algo novo, em troca adquire experiência de vida, ou algo em troca, sempre em seu benefício ou existência.

Um cachorro muito bem cuidado, amado e bem tratado, jamais sairá por muito tempo e não voltará. Se você deixar o portão aberto, ele voltará, pois ele sabe que é o guardião da casa, que você é o seu mestre, é você que lhe promove carinho, atenção e bem estar, alimentação, coisas que ele terá que batalhar arduamente para conquistar na rua. (se optar por fazer isso acompanhe seu cachorro inicialmente por algum período de tempo.)

Então projete isso, tudo que você se propor a fazer será de maneira visceral, nua e crua, pensando em seu instinto de sobrevivência, estímulo e recompensa, sua meta que se cumprirá em planejamento será algo que lhe promova bem estar, algo que lhe dê benefício em sua existência.

Não seja egoísta, pois o egoísmo se exprime em quebra de conexões, isso quanto a personalidade, interpessoalidade, companhia, de modo geral, a vida social de oportunidades que o cerca. Mas, tudo tem seu meio termo. Mesmo que ninguém te apoie na viabilidade de seu planejamento, o qual você estudou muito para tal, e ainda está em etapa contínua de execução, se isole de ambientes e ou pessoas assim. Se abstenha de coisas fúteis que roubarão seu tempo à toa, que degeneram suas metas ou que prolongam o tempo máximo de desempenho, o qual você poderia progredir.

Primeiramente, se atenha às necessidades básicas de saúde de sua família, seu bem estar, de seu relacionamento aos mais próximos, e de todo o resto se abstenha, se exclua.

Lidando de forma prática, com estímulo e recompensa, nos confere pensar de modo geral, na execução de suas atividades diárias, programadas ou aleatórias (aquelas inesperadas). Execute todas elas de forma rápida, não se esquecendo de garantir a elas a qualidade devida, buscando a perfeição a que lhes conferem, pois, aquele que assim o fizer em sua vida encurtará seu objetivo. Isso lhe garantirá maior aproveitamento em tudo, em ganhos, em tempo livre útil, em novos estímulos de metas, respaldo processual, agilidade de raciocínio, cognição mental, estímulo lógico, experiência de vida.

Seja você, um assalariado remunerado, ou citando o meu exemplo, um trabalhador operacional de pedidos em uma ferramentaria. Nós trabalhamos de forma rápida com qualidade, recebemos os pedidos, processamos a informação, escolhemos quais materiais trabalhar, prevemos o cronograma, o que está estipulado previamente (o pedido de maior urgência), gerimos a execução do todo, distribuímos as tarefas, para que deste modo termine a execução o mais breve possível.

Por fim revisamos os passos do planejamento para que não haja perdas, atribuímos o produto conferido a qualificação precisa de quantidade, espessura, pesos e modelos.

Somente assim enviamos os protótipos para a produção em geral trabalhar, após isso preenchemos o relatório de produção, após isso temos nosso tempo livre individual de cada um.

Um exemplo mais claro de estímulo é um construtor que trabalha por "empreitada" por (serviço) não por dia. Se ele recebe e sabe que tem que terminar o quanto antes aquele serviço para poder pegar outro serviço e lucrar.

Digo a você, se você é um construtor, um empresário, um trabalhador, que vive de serviços, que calcule seu meio termo, projete e especule os balanços do mercado, estipule as maiores e menores temporadas de vendas, produção de bens, ou volatilidade de prestação de serviços, somente assim poderá ter uma prévia de seus rendimentos, afinal um ano possui trezentos e sessenta e cinco dias, que você precisará contar com necessidades básicas que você dependerá por toda a vida, pagou pra nascer, comer, empreender, prosperar, reproduzir, aposentar, e hoje em dia com plano funerário pagamos até para morrer.

Antecipe tudo o que você pode fazer em suas metas, preveja sempre que for possível sua direção, o rumo de suas atividades diárias, as metas de seus planejamentos, tire um tempo para que você possa refletir. Este tempo poderá ser tirado de seu tempo útil de pensamento e execução de metas, pois sempre vale a pena, uma pausa serena, uma reorientação quando se conclui um "capítulo" bem construído de uma meta bem executada rumo ao seu planejamento.

Novas aptidões podem ser descobertas e inseridas na próxima etapa de seu projeto com este momento reflexivo e para te orientar sobre como sua mente espontaneamente te levará a ter ideias cada vez melhores, alcançando êxito. trataremos isso no próximo capítulo.

Melhores oportunidades para pensar
(horário das ideias)

Iniciemos, pelo tempo do sonho, ou dos sonhos, sim isso mesmo, o tempo em que passamos dormindo, o qual sonhamos, boa parte dele, se refletem em ações que executamos diariamente, ou em frações do que já fizemos em nossas vidas, ou melhor, em o que realmente queremos de modo muito fantasioso para nossas vidas.

Veja como são definidos os nossos sonhos:

Os sonhos são atividades mentais ativadas pelo inconsciente quando as pessoas estão dormindo. A principal teoria a respeito dos sonhos partiu de Sigmund Freud que caracterizou os sonhos como a liberação de desejos reprimidos, ou seja, para Freud as coisas que desejamos e que não nos encorajamos a fazer são liberadas pelo inconsciente quando dormimos.

Para alguns cientistas, o sonho é apenas uma forma de condução de informações que são ativadas durante o sono que contribuem com o controle do cérebro, mantendo sua saúde.

Normalmente os sonhos ocorrem nos estágios do sono REM (cerca de cinco estágios). Nesse período, há intensa atividade cerebral concentrada que paralisa todos os músculos esqueléticos através da liberação do aminoácido glicina pelo tronco cerebral. Nesse período o organismo reflete os acontecimentos do dia de forma a colocar os fatos comuns separados dos fatos importantes. Nesse estágio podem ocorrer sonhos ligados a fortes emoções. Inclusive o que mais se foi pensado, suas metas e seu sonho de planejamento.

Os sonhos podem durar até vinte minutos, durante a noite é possível ter vários sonhos que podem ser lembrados posteriormente ou não. Freud explica que o esquecimento dos sonhos ocorre porque o cérebro não busca lembrar-se das coisas que são reprimidas e liberadas durante o sonho.

Para Freud, os sonhos noturnos são gerados, na busca pela realização de um desejo reprimido.

Em diversas tradições culturais e religiosas, o sonho aparece revestido de poderes premonitórios ou até mesmo de uma expansão da consciência.

Cientistas relacionam os sonhos como "um mero subproduto da atividade cerebral noturna". Existem duas fases do sono: a primeira é o sono de ondas lentas, em que a atividade do cérebro é baixa e, por isso, não se formam filmes em nossa mente. Já a segunda fase é de alta atividade e nomeada REM - sigla em inglês para "movimentação rápida dos olhos" (Rapid Eyes Movement); é durante a fase de REM que os sonhos ocorrem, pelo menos nos adultos.

Para nos servir de inspiração, conheça e aprenda sobre um dos maiores gênios que já passaram por esta terra. Nikola Tesla, este que de tanto se aplicar, vivenciar experiências em seu trabalho enquanto acordado, de modo operante, conseguia visualizar em seus sonhos mapas mentais de suas invenções, como abaixo seguem seus principais inventos.

Ele foi físico, matemático, engenheiro elétrico e mecânico. Nikola Tesla foi o responsável por muitas das tecnologias que fazem parte do nosso dia a dia. Muitas delas sequer foram creditadas em seu nome.

Ainda assim, Tesla tem registrado em seu nome mais de 700 patentes em quase 30 países, sendo duas delas aqui no Brasil.

Uma passagem rápida por seus inventos são: a bobina de Tesla, inventada em 1981, é uma máquina que produz raios. Além disso, ela é capaz de enviar correntes elétricas através do corpo e criar ventos de elétrons.
Nikola Tesla tornou-se obcecado com a transferência de energia elétrica sem fios. Então, construiu a maior e mais poderosa bobina de Tesla, que chamou de transmissor de ampliação. A invenção possuía três bobinas e 52 pés de diâmetro. Tesla conseguiu gerar milhões de volts de eletricidade e disparou raios de 130 pés de comprimento - o maior raio já produzido pelo homem na época.
A torre, construída perto de Nova York, não chegou a funcionar. Com ela, Tesla pretendia conceder energia elétrica wireless grátis para todo o planeta. A torre e os prédios já estavam prontos, mas, o financiador do projeto decidiu encerrar a iniciativa quando percebeu que não teria como regular essa energia e cobrar por ela, ou seja, não teria lucro algum com o projeto.

Ainda assim, vale notar o caráter humanitário de Tesla, que desejava levar eletricidade para toda a população de forma gratuita, sem querer nem um centavo por sua criação.

Turbina Tesla

Para competir com o motor de pistão em automóveis, que surgiu no início do século XX, Tesla desenvolveu sua própria turbina. Ela não tinha lâminas e utilizava discos lisos que giravam em uma câmara e trabalhavam enquanto o combustível era queimado, antes de entrar na câmara principal que continha os discos.

A combustão fazia os discos girarem e era isto que fazia o motor trabalhar. Em 1909, quando Tesla testou o motor, ele obteve uma eficiência de combustível de 60%. Um resultado impressionante, se levarmos em consideração que atualmente só temos taxas de conversão em energia de 42%. Infelizmente a indústria viu mais vantagem no motor de pistão, devido à venda de combustível, sendo este modelo adotado até hoje.

Radiografia

A descoberta do Raio-X é atribuída ao cientista alemão Wilhelm Conrad Röntgen, que em 1895 descobriu uma misteriosa energia que ele chamou de Raio -X. Porém, existem evidências de que Tesla saberia algo sobre Raios-X antes mesmo de Röntgen ter publicado sua pesquisa. A pesquisa de Tesla teria sido interrompida quando seu laboratório incendiou misteriosamente em 1895, pouco antes de Röntgen descobrir a tecnologia. Ao publicar as suas descobertas, Röntgen ajudou Tesla a criar o seu próprio Raio-X, utilizando um tubo de vácuo, que produzia imagens que ele chamou de radiografias. Desta forma, Tesla é considerado a primeira pessoa na América a criar uma imagem Raio-X.

Assim como acontece com o raio-X, Tesla teve importante participação na criação do rádio, contudo, quem leva a fama é outra pessoa. Neste caso, o italiano Guglielmo Marconi. Em 1895 Tesla se preparava para fazer uma transmissão de rádio a uma distância de 80 quilômetros, porém, antes que ele conseguisse a façanha (para a época), seu laboratório foi destruído em um incêndio (o mesmo já citado anteriormente). Enquanto isso, na Inglaterra, o italiano Guglielmo Marconi trabalhava na telegrafia sem fios. Em 1986 foi-lhe atribuída uma patente por sua invenção. Seu sistema era diferente do que o Tesla havia desenvolvido. Ele utilizava apenas dois circuitos, porém, era incapaz de transmitir a longas distâncias. A invenção de Tesla utiliza múltiplos circuitos, o que a fazia muito mais forte.

Em 1901, utilizando 17 patentes de Tesla, Marconi conseguiu realizar a primeira transmissão transatlântica da história. Em 1904, sem qualquer explicação plausível, o escritório de patentes reverteu a sua decisão e validou a patente de Marconi, tornando-o o inventor do rádio. Quando Marconi ganhou o prêmio Nobel, em 1911 e 1915, Tesla processou a empresa do italiano. O caso se arrastou até 1943, quando o Supremo Tribunal dos Estados Unidos reconheceu Tesla como o verdadeiro inventor do rádio.

Lâmpadas Fluorescentes

As lâmpadas fluorescentes e de néon não foram descobertas por Tesla, contudo, ele fez diversas contribuições para o avanço de ambas. O inventor, por meio de experimentos com correntes de partículas elétricas e gases, desenvolveu três tipos diferentes de iluminação. Entre elas, Tesla converteu luz negra em luz visível ao utilizar uma substância fosforescente, criada por ele mesmo. Além disso, ele descobriu uma aplicação prática para tal tecnologia, criando lâmpadas e sinais de neon.

Hoje em dia as luzes de néon iluminam as maiores cidades do mundo.

Tele autômato

Durante a Electrical Exhibition, no Madison Square Garden, em 1898, Tesla apresentou sua nova invenção, a qual chamou de "Tele autômato". O invento se tratava de um barco controlado por ondas de rádio. Tesla controlou o barco, operado a bateria, comandando a hélice e as luzes por meio de ondas de rádio.

Com esta invenção, Tesla abriu portas para três áreas diferentes da tecnologia: Os controles remotos, que hoje utilizamos para ligar a televisão, abrir o portão de casa e para ligar o ar-condicionado; a robótica, sendo que o barco foi um dos primeiros robôs, por ser este um objeto mecânico que podia ser operado sem que precisasse ser tocado fisicamente. E por fim, o barco de Tesla, que combinava robótica com a tecnologia de controle por ondas de rádio, pode ser considerado o bisavô dos drones.

Se hoje temos energia elétrica em casa, muito devemos à Tesla e a sua invenção e aplicação da corrente alternada.

Corrente Alternada

As mais importantes invenções de Tesla envolvem suas contribuições para a Corrente Alternada (AC). Tesla não descobriu a AC, porém, foram suas invenções que fizeram a corrente alternada ser aplicável para utilização global.

A corrente alternada tornou-se o sistema de energia dominante que temos até hoje. A história de Tesla com a AC passa também por outra personalidade que propôs a Corrente Direta (DC).

A corrente direta (DC), desenvolvida pela companhia concorrente, é similar a uma bateria, por apenas enviar corrente. O problema deste sistema é que a eletricidade perde força quanto mais distante estiver da fonte. Foi a partir deste problema que Tesla desenvolveu os avanços na AC, que não apenas envia corrente, mas também a traz de volta para a fonte.

Por isso, a corrente alternada é muito mais viável quando precisa-se enviar grandes quantidades de energia por meio de uma grande distância.

A diferença entre o sistema de corrente contínua defendido por seu concorrente e a corrente alternada de Tesla, é que pelo sistema de corrente direta (DC) seria necessária uma usina de energia elétrica a cada quilômetro quadrado, enquanto o sistema de Tesla usava cabos menores, alcançava maiores voltagens e podia transmitir energia elétrica a distâncias bem maiores. Para nossa sorte, o sistema adotado como padrão foi o de Tesla e graças a ele temos eletricidade em nossas casas.

O modelo de Testa estabeleceu o padrão para as Centrais Hidroelétricas Modernas, através do Motor de Indução elétrica.

O motor de indução elétrica que utiliza corrente alternada provocou uma revolução elétrica no mundo. Ele surgiu da mente brilhante de Nikola Tesla.

É neste exato ponto, caro leitor, que eu queria chegar! É inevitável conceber a você esta grande informação e conhecimento, sem fazer esta ponte!

Sem muitas delongas e comprimindo um pouco a informação, preservando outros nomes de outras personalidades (assista a documentários específicos) envolvidas, continuemos o raciocínio!

Através destas breves páginas podemos observar o avanço de nossa tecnologia, relativamente, não obstante dos tempos que vivemos hoje em dia "de modo atual" e recente. Uma personalidade brilhante que passou pelo nosso planeta em uma incessante atividade mental em prol do conhecimento e da humanidade, acreditava piamente em seu trabalho, que exclusivamente viveu para seu trabalho.

Entretanto, sua mente privilegiada trabalhava de dia de forma consciente e de noite de forma inconsciente, conforme visto em seu documentário.

Tesla projetava suas invenções e desenhos de protótipos motores que surgiam em seus sonhos, junto aos cálculos de funcionamento. E simplesmente assim! No outro dia acordava com seu planejamento pronto para ser realizado. Como o motor de indução elétrica.

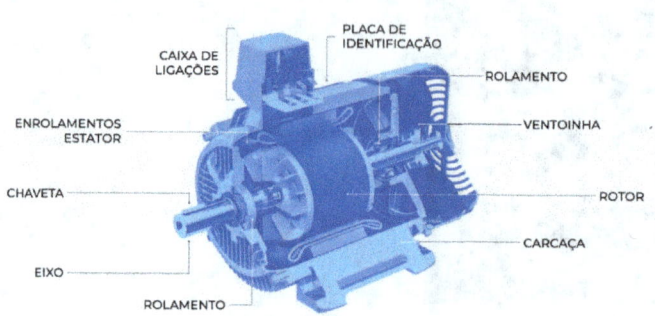

Impreterivelmente, sua realidade diurna, vivida conscientemente, reflete em seus desejos de realização que são arquitetadas, misturadas e projetadas enquanto você "descansa" em seus sonhos. Portanto a você que tem um ideal, e o almeja muito em quantidades grandes durante o seu período consciente diurno, vivenciando experimentalmente, ele se refletirá em maiores reflexões com maiores níveis de aproveitamento em seu subconsciente, que continuará lentamente lapidando suas metas de planejamento. Então os sonhos e seu descanso são uma das melhores oportunidades para pensar e aproveitar o tempo livre.

Evidências científicas preveem que mais de 5 horas de sono são necessárias para vivenciar sonhos. Eles não se formarão. Portanto, organize seu tempo de descanso.
Se você é o primeiro em sua casa a despertar, procure um local tranquilo, caso contrário permaneça na cama deitado, tanto para organizar os pensamentos adquiridos, "os sonhos". Como para iniciar a programação do seu dia.
Vá ao banheiro, sente no vaso mesmo que não vá usá-lo, escove os dentes, cuide de sua higiene, sente em um lugar tranquilo, saia em sua sacada, no quintal se este estiver vago e tranquilo, de preferência sem ninguém nas proximidades, somemte você.

Primeiro reflita sobre as imagens noturnas, conecte-as, analise-as utilizando encaixes que você pressuponha estar correlato com sua semana, com a noite passada, ou com o dia de hoje. Se puder pesquise.

Posteriormente recupere-se do lapso da montagem do sonho. Vislumbre, como será a programação do seu dia inteiro, pense ao menos na parte que ele é programado. Isso mesmo, pense nas atribuições a que você é incumbido, como compromissos a realizar, coisas a fazer após expediente, obrigações em geral. Feito isso, delimite o espaço vago entre cada atividade, cada coisa programada, mas também pense nas coisas que são irrefreáveis, improgramaveis. Pense sempre que algo pode fugir de sua programação, no encaixe devido. Se bem que você não deve dar tanta atenção a coisas que são inesperadas, afinal, elas simplesmente acontecem e você não tem controle algum sobre elas, e o pior, não sabe nem a que horas elas podem acontecer.

Mas seguindo a linha tênue dos espaços vazios, continue orquestrando suas metas, que fundamentam seu planejamento, em qual momento você dimensionou para aplicar um encaixe. Sim, você pode e deve aplicar os encaixes de metas diariamente, pois seria ignorância ou irresponsabilidade continuar a leitura deste livro, seu planejamento não acontecerá do dia para noite, será efetuado em parcelas e encaixes, com as técnicas aplicadas e ministradas arduamente neste livro, as metas tornarão realidade seus sonhos de planejamento.

Não sinta vergonha em admitir que você, assim como eu somos escravos do tempo, do capital, do dinheiro, que dependemos de tudo isso para viver, e portanto se você não ocupar seu tempo "livre" com seu planejamento, continuará escravo das trivialidades diárias, pois até mesmo seu tempo "livre", você está pagando por ele. E se não você, ninguém vai te fazer mudar de vida. Mesmo que você for apostar dinheiro em loterias, você terá que calcular o quanto pode gastar e estratégias de jogo.

Então cumpra obrigações e planeje seu futuro nas brechas dos tempos.

Este é outro incentivo para continuar sua vida, negue sempre a "escravidão" do capital, pois você é livre em partes de tempo que são só de sua autarquia, só lhe cabem a você este tempo livre para desenvolver seu planejamento, planejamento que lhe fará mais livre cada vez mais e mais, até que o capital trabalhará em seu lugar, e não você para ele.

Escovar os dentes, uma atividade automática que você realiza diariamente pela manhã, acredite, pode se tornar um bom momento de insights para vislumbrar suas metas e ser um ânimo a mais para o seu dia.

Aliás, se você é um esportista, ou que seja, um desportista, com hábitos matutinos, sim, você que adora as práticas esportivas pelas manhãs, antes de ir trabalhar, ou efetuar tarefas importantes, aproveite seu tempo de maneira favorável.

Pense, pense enquanto ouve uma música em seu fone de ouvido, você é capaz de possuir a habilidade em ter mais de uma assimilação ao mesmo tempo, previamente neste livro já abordamos este assunto, mas vale a pena relembrar.

Tudo que você faz, almejando a perfeição, você se torna capaz. Principalmente em coisas que de tanta repetição e ênfase, tornar-se ão tendenciosamente uma atividade automática, a partir do momento em que você executa algo buscando a perfeição de forma automática, sua mente está pronta para inserir mais uma aptidão em conjunta fase de aprendizado sobrepondo a atividade mecânica.

Retomando, você está em seu ambiente perfeito que automaticamente está inserido quase todos os dias, está praticando musculação, está correndo ao ar livre na rua, e ao mesmo tempo está com seu fone no ouvido e ou som ambiente ecoando em sua fonte, (duas assimilações)... Empregue a terceira assimilação, a capacidade rotativa de pensamento construtivo.

Você corredor de rua, simples caminhante, ouvindo música, olhe a paisagem, as montanhas, (agradeça por estar vivo), e pense de forma iniciatória, adicionando a terceira cognição, pense no processo das coisas, no que está vendo, como elas funcionam. Quando for capaz de ir além, mediante muito treino, pense sobre suas metas daquele dia, deste dia, seu objetivo a ser conquistado hoje. Pense sempre em também em terceira pessoa, quanto a suas metas, nos espectadores externos.

Após este período de proatividade, armazene os "dados" carregados em sua memória, sinta os pés no chão, retorne e viva a realidade, desfrute de um leve descarregamento de carga, como se você salva-se um arquivo (diário) após sua edição. Feito isso, sinta e seja capaz de arcar com a transição. Transição esta que sabota seus pensamentos livres e te conecta ao mundo novamente através de lembretes, de compromissos e ou atividades que você está destinado a realizar hoje, como ir ao trabalho imediatamente após transcorrido seu exercício vigoroso.

Seu ganha pão, seu serviço, seus honorários, que são seus ordenados, não devem ser tratados como um "porre" receptador de tempo livre que você começou a enxergar a partir destes conhecimentos. É nesta etapa que conferimos o aprendizado, seu serviço automático e mecânico quase todas as vezes se torna aceitável quando você se sente evoluído, amparado por novos projetos em desenvolvimento e também pelo convívio pessoal com outras pessoas ao seu redor que fazem parte de sua rotina. Esforços mecânicos diários são amortizados graças a relações interpessoais, que são momentos de interação pessoal.

Más... Você que absorveu os conhecimentos certos e com certeza saberá aplicá-los, como transformar, seu tempo inoperante em tempo útil de pensamento. Você pode ter várias atividades sociais, mas deve-se desvencilhar delas quase que integralmente, não anulá-las, mas sim reduzi-las ao mínimo, pois o tempo que você dedica ao âmbito social será muito melhor aplicado projetando suas metas de planejamento, suplantando atividades automáticas, e ao mesmo tempo liberando suas metas do ócio, ócio de elas não existirem, ou nunca saírem do papel.

Exemplificando, se trabalhar de modo automático, pense em algo, algo útil, suas metas, seu planejamento de vida. Pode experimentar muitos que te olham e te cercam, verão que você se tornou um pensador, desconexo aos olhos deles, relapso quanto a reflexos que anteriormente tinha, olhares pensadores e viajantes, que ganharão o mundo, e muitos não vão acreditar, principalmente se você falar do novo ambiente introspectivo que está extrovertendo dentro de você. Mas quando as pessoas estudarem quem sabe por esta obra por indicação sua ou de outrem, estas entenderão a riqueza que podem ter e a capacidade de possuir, a transformação da sua própria vida que você está experimentando.

Sabendo como suplantar, com maestria o período insuportável de obrigações as quais você é exposto diariamente através de artifícios contornatórios aos quais você está desenvolvendo, você será mais altruísta, vigoroso, errante! Dono de sua verdade. De maneira alguma, estou dizendo, ou incentivando de qualquer forma ou meio, você se tornar uma pessoa relapsa, inóspita, áspera, incontactável, mas saber como, tomar as rédeas de situações maçantes, ser como um catalisador, que assimila os filtros de informação, que somente deve absorver o que importa e ou o que é útil. Mas realmente generalizando, não seja egoísta, esta é a pior de todas as coisas, te refreia, refreia seu mundo e as pessoas que te circundam, suas relações.

A tarde, ou de manhã para alguns, o fim do seu turno, o fim de seus afazeres se aproxima. Da mesma forma que como dito, o horário de suas obrigações se aproxima de seu fechamento. As ideias transcorridas durante o dia, com metas realizadas ou com minutas poucas a serem cumpridas. Este é um horários ideal para raciocinar em tempo livre, resolver o balanço dos avanços e progressos de suas metas de planejamento, por ser um tempo quase exclusivamente "livre" para você, é um tempo concluso, de fechamento, mas de ótima opção de melhores horários a se pensar, pois nele você poderá através do desfecho parcial de suas obrigações, pensar em uma nova introdução de capítulo para o próximo ato, próximo ato de suas metas.

Em sua casa ao chegar de sua rotina, diurna, tomar um café da tarde, e ou ir fazer uma caminhada, corrida, fazer algum tipo de exercício, academia, artes marciais etc.. o importante é não parar de pensar.

Uma dica importante: pense em bem estar, sempre pratique. Se você é um assalariado e ou se tem rendas para se manter, armazene seus proventos em uma parte reservada para você, dinheiro físico (o que é muito mais difícil de controlar), o ideal é uma carteira digital, para que você no seu caso sempre possa escolher aquilo que te faz bem como passar a noite, o que vai consumir, como seu alimento, jantar, ir comer em algum lugar de sua preferência. Eu recomendo comprar diariamente aquilo que está a seu alcance, não precisa se exceder, compre o que está com vontade de consumir, pois isso será uma atitude louvável a seu bem estar, gratidão por sua própria parte de desfrutar o que você merece, após um árduo dia de rotina difícil.

Consuma alimentos simples, que não te empanturram, na medida certa que você está habituado, pois se você se acabar em comer coisas vans, pesadas irão prejudicar o seu metabolismo, afinal ele é muito mais lento a noite e você não fará a digestão corretamente, correndo o risco de acumular gordura, mas o pior será bloquear totalmente sua função cognitiva mental, pois quando você está farto, muito mais satisfeito do que deve, seu corpo se renderá ao descanso imediato, e você se tornará escravo de um ciclo vicioso, "comer e dormir", o que acabará com seu progresso noturno de pensamento ativo.

Parte do que foi dito no parágrafo anterior, tem haver com o que nos remete a satisfação, ou um método o qual mudará sua desenvoltura física, mental e sua capacidade de realização pessoal.

Trabalhe com estímulo e recompensa: como dito em anteriormentr, se você completou uma tarefa contínua em meia hora ou quarenta e cinco minutos, uma hora, etc., faça uma pausa, tome um suco, uma água, respire um pouco de ar puro busque algo para se desvencilhar da tensão que o circunda, fume um cigarro, mude de ambiente, se de uma recompensa, somente assim volte para continuar ou iniciar outra atividade.

O período noturno não somente para nós humanos como espécie e gênero, é considerado um período de resguardo, descanso, muito mais relacionado a momentos reflexivos do que a momentos pró ativos. Pró ativos aqueles momentos em que são propícios a explosão de ideias novas através de estímulos naturais. Em ressalva, mesmo no período noturno, pode-se ter fluxos de ideias exorbitantes, condicionados por estímulos ou não, isso varia de persona, para persona, seu modo de vida, etc.

Mas de modo geral, as ideias neste horário e os estímulos são acometidos pelo desgaste físico e ainda mais, são sabotadas pelas atribuições que são conferidos a cada um de se manter, entreter brevemente a si e as pessoas em sua volta e se preparar para seu descanso rumo a um próximo dia de competências e deveres.

Entretanto, uma hora proeminente para você demasiar seus anseios e fazer projeções e prospectos para novas metas próximas de um dia seguinte, um mês, em longo prazo é o momento antes de dormir, antes ou depois de suas orações, isto é se você for adepto de alguma religião. Mas em contrapartida advirto que se você for uma pessoa ansiosa, que pensa além da pauta estipulada, pensar demais em longo prazo e em coisas pertinentes, poderá acabar perdendo seu relaxamento, seu descanso, sua tranquilidade, seu sono.

Quando estamos prestes a desligar nossa mente, para diminuir as funções vitais do corpo, isto é, gradativamente de modo parcial, entrando em estado de transe do sono. Se dermos uma sobrecarga de pensamentos constantes, a plenitude mental se esvai, dando lugar a inquietação, esta que se reflete no todo, todo o corpo e todas as funções.

Mesmo assim, o que nos confere como única espécie com capacidade de alto grau de planejamento e pensamento, nada nos impede de acordar no meio da madrugada, com um turbilhão de ideias inovadoras para os próximos anos e para toda a vida.

Em suma, de modo conclusivo, divagando sobre o tópico central do tema, " Melhores oportunidades para pensar", vale-se transfigurar os preceitos estabelecidos neste capítulo, os quais, que com exatidão como são descritas funcionam na maior parte, de modo genérico.

É fato que todos os organismos são diferentes entre si, então as regras (horários) apontadas, não são eficientes e solutos para todos os casos, sempre existem exceções. Nada lhe impede de testemunhar, que para você o melhor horário para se pensar é durante um banho quente relaxante, onde para você os preceitos de aceitação desta afirmativa são: a água quente relaxa os músculos. Com isso você alimenta uma interação cerebral, sobre o árduo dia que se passou, não obstante, ao impulso a que isso lhe é concebido, o de pensar em suas próximas diretrizes de progresso no próximo dia.

Pronto. Fomos capazes de relatar outra hora agradável para pensar e organizar as metas. Mas observemos, todo o conteúdo transcrito, o horário de pensar independentemente de ser um ou outro, a seu critério, foram aqui apresentados a você como formas de diretrizes e pontos guia com personagens reais e situações reais para que você possa se orientar no espaço. Para que você possa se salientar e observar o melhor estímulo que funciona para você, afinal, independente do tempo que você conseguir propor suas próprias metas a você.

Como processo evolutivo que é condição essencial para revelar a sua verdade absoluta a você mesmo, você será capaz de entender que quase tudo pode funcionar para você, basta você ter cognição de se adaptar! O melhor horário de pensar, independente de qual seja para você, independente da atividade que você escolha para correlacionar como algo afetivo para que seu pensamento, a motriz pode trabalhar suas metas, entenda, existe um padrão.

E este padrão é o melhor horário para se pensar, sempre em seu tempo livre ! ou o tempo que após a absorção destes conhecimentos adquiridos, você possa transformar em tempo livre !

 (Consulte capítulos anteriores de como converter o tempo inútil em tempo útil, tempo inoperante.)

Cronograma

Se não o... Um dos mais importantes capítulos.

Você está caminhando, se locomovendo de bicicleta, dirigindo, no intervalo de alguma atividade, aí de repente "bummm". Surge aquela ideia, aquele prospecto inédito, aquela meta, que você estava moldando a tempos para conseguir resolver algum entrave, etc.... Afinal, soluções e estratagemas prodigiosos inesperados surgem do nada em nossas mentes, mesmo que amadores, iniciantes e mal orientados, "crus", e agora o que devo fazer??

Paro o carro, para anotar na agenda digital este pensamento. Se estou sem meu celular na pausa no intervalo, tento pensar e desenvolver. Continuo andando e pedalando, desenvolvendo e prometendo a mim que vou lembrar sobre o que pensei.

Pare!!
Você vai se esquecer, e vai fazer a coisa errada.

Trabalhemos em níveis de intelectos em módulos escalares. Se você possuir a mente cheia de coisas é importante que você desenvolva muito, ou desdobre e separe seu raciocínio, ou faça um cronograma, organograma, como veremos mais à frente.

Se você é capaz de mesclar capacidades, miscigenar pensamentos e direções sem se confundir, você está relativamente bem. Como as pessoas que estão pedalando, caminhando, dirigindo e desenvolvendo o pensamento. Mas deve tomar atenção ao começar a fazer outra tarefa, anote, assim que chegar a seu destino, eminentemente, você chegou ao local que pretendia de carro ou de bicicleta a pé, anote!! Capture o pensamento para ele ser revisto se possível escreva alguns detalhes a mais, pois este te permitirá lembrar-se do que foi desenvolvido em volta de sua ideia principal, este passo simples não levará mais que alguns minutos, que para você será como um "check point", seu ponto de verificação, ponto seguro.

Bom se você é totalmente esquecido, não tem uma memória muito boa, não é muito capaz de desenvolver o que pensou, não se preocupe, exceto que tenhas um problema de saúde mental, não será problema, siga o raciocínio abaixo.

Tenha um bloco de notas, algo palpável e acessível, uma caneta pequena de bolso, parecida com o tamanho de um touch pad. Não adianta!! Pode parecer arcaico, mas é o mais funcional!

Se você for familiarizado com bloco de notas virtual, notas gravadas em áudio, app de gravação, pode utilizar, mas não é uma forma usual, já que não te ajudará a lembrar do que você gravou, o bloco de notas você precisará tirá-lo do bolso ou de seu local de transporte, quando chegar em sua casa, e ou revisá-lo quando puder. Tudo isso pode parecer indicações óbvias, mas com certeza faz muito sentido.

Esqueça agendas eletrônicas, pois você percorrerá o dedo ao consultá-la ou ouvir o alarme e a anulará silenciando-a, a fim de continuar o que está fazendo no momento em questão que julgará ser mais importante. Você só prestará atenção na sua agenda eletrônica quando é algo que envolve obrigações ou dinheiro. Isso é fato. Pensamento bom, é pensamento anotado, seguro!

Não sinta receio, e nem se sinta demasiadamente superior por não querer usar um bloco simples de papel para anotar o seu roteiro de planejamento e metas, não seja cabeça dura e nem ignorante, pois se você concorda que os meios tecnológicos atuais te prejudicarão te farão perder, ou atrapalharão seu raciocínio, seja simples e sensato, use o método convencional.

" A maior qualidade do estilo é a clareza. " - Aristóteles.

Como funciona a nossa memória:

São formadas, arquivadas e descartadas pelo cérebro, em uma rede de neurônios extremamente complexa, as memórias são essenciais para ações desde a aprendizagem até a capacidade de criar vínculos afetivos.

A memória ocorre pela formação de conexões pelos neurônios ou células nervosas no cérebro, tais conexões são ligadas por pontos chamados sinapses.

 A memória é a capacidade de armazenar informações de modo que essas possam ser recuperadas quando buscamos recordá-las.

O hipocampo é uma pequena estrutura que gerencia as memórias. Mas as memórias em si ficam armazenadas em diferentes áreas do cérebro, incluindo o córtex (camada externa) e regiões mais profundas (subcórtex), dependendo do tipo de lembrança.

É o hipocampo quem "decide" o que é importante ser memorizado e onde essa informação irá ficar armazenada no cérebro.

Algumas das principais estruturas do encéfalo e suas funções
adaptado por mindasks.blogspot.com

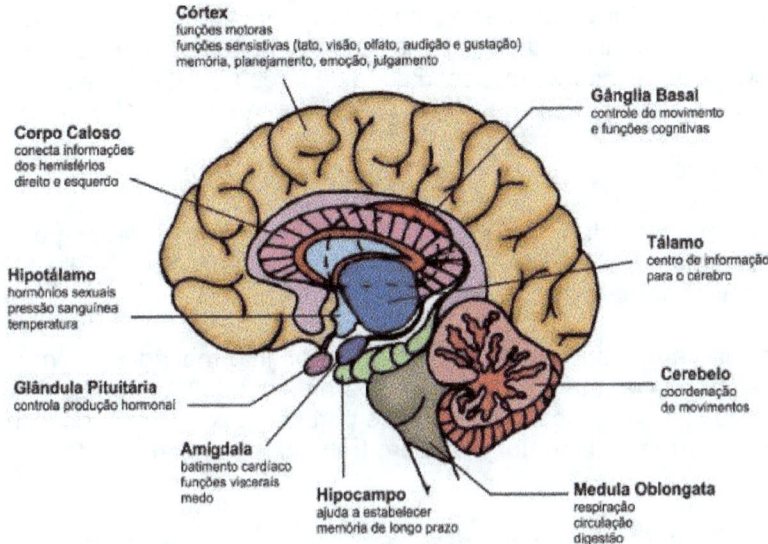

A estrutura tem um papel muito importante na recuperação das memórias. Quando nos recordamos de algo, foi o hipocampo que fez com que a informação armazenada voltasse e fosse lembrada.

A toda a atividade do cérebro, é formada por uma decodificação própria concebida através do neurônio.

O que define a capacidade de armazenamento são os níveis de conexões dos neurônios, sua organização e onde eles se encontram, e como se ligam. Geneticamente, a estrutura do cérebro é influenciada diferindo de forma individual um tipo de memória de outra.

Os fatores de exposição influenciam e muito em nosso mapa mental, é em sua maioria a organização de nossas experiências, memórias sociais, níveis de estudo, tudo influencia em nossa formação.

Quando captamos informações através dos órgãos visuais elas são encaminhadas para diferentes partes do córtex visual. O córtex frontal recebe informações operacionais de curto prazo como as de utilização imediata. Tais informações são encaminhadas para o hipocampo que é responsável pelo armazenamento em longo prazo que utiliza fatores emocionais vinculados a tais informações para que estas possam ser reativadas quando requeridas.

Os fatores emocionais que auxiliam no processo de memorização são formados por conexões neurais localizadas na amídala permitindo a ação rápida. No cerebelo e nos gânglios basais são memorizados habilidades e hábitos inconscientes como andar de bicicleta, dirigir e outros.

Através de doenças neurológicas, distúrbios psicológicos, problemas metabólicos, intoxicações, álcool, drogas, medicamentos, fumo e cafeína o processo de memorização pode ser comprometido, de forma natural o córtex cerebral vai se desgastando e tende a reduzir suas atividades e tais fatores podem acelerar este processo e torná-lo precoce. Para melhorar e incentivar o bom funcionamento do córtex pode-se utilizar além de alimentação saudável, boas noites de sono, técnicas mentais como exercícios de relaxamento, associação de fatos a imagens, fazer leituras em voz alta, anotar fatos que julgar importantes, anotar ideias entre outras.

A nossa memória divide-se em 3 categorias:

A memória sensorial: desenvolvida através da análise de estímulos captados pelos órgãos sensoriais. Esta memória é processada, interpretada e armazenada em menos de dois minutos instantaneamente.

A memória de curta duração: quando nosso cérebro recebe informação que tem importância, ela é transferida da memória sensorial para esta, nesta podemos memorizar até sete tipos de informação em cerca de trinta segundos, se necessário cerca de mais tempo de armazenamento, o cérebro trabalha no próximo e último módulo de memória.

Memória de longa duração: a memória ultrapassando os primeiros dois tipos, a informação é guardada neste espaço de longa duração. É neste tipo de lugar que a informação pode ser armazenada de várias formas, mas de uma maneira temporal, cronológica.

Implicando em como melhorar sua memória temos as seguintes sugestões:
Preste atenção naquilo que está vivendo, e sinta novas experiências, estas podem culminar na geração de novos neurônios, chamados de neurogênese.

Tenha uma boa noite de sono, pois o cérebro, elimina memórias inúteis, ruins, elimina também toxicidades, as horas de sono são essenciais para a reparação do cérebro, lhe dando aptidão para novas memórias e novos tipos de interação.

Tenha uma boa alimentação, pois as células do cérebro passam por renovações espontâneas, e nosso organismo precisa de nutrientes para formá-las, evite gorduras saturadas.

Pratique exercícios intensos, eles melhoram o sistema nervoso central, oxigenando melhor as células em um fluxo sanguíneo maior, renovando as mesmas.

Controlar o estresse e a ansiedade, situações que o cérebro interpreta como perigo, também é bom para a memória. A adrenalina gerada por esses sentimentos pode levar à perda de atividade cerebral em diferentes áreas.

Para melhor entendermos o funcionamento e a absorção da memória, listamos as classificações.

A memória classifica e processa a informação de três formas.

A Semântica, onde nosso cérebro se conecta com a memória de longa duração, e formula as nossas ideias, os conceitos e significados.

A memória de processo, que é parte da memória de longa duração, é onde é guardado processos que temos competência completa ou parcial de executar, como: falar, andar, montar um projeto.

A memória esporádica, é a memória de longa duração que nos permite recuperar, vivências do passado.

A repetição cria conexões significativas em sua memória, classificando como algo importante a ser guardado, seja a informação processual, de longa duração.

As maiorias das coisas na vida acontecem de forma não linear, ao acaso, sem espaço limite de tempo, e ou embaralhadas, desconexas, portanto, as memórias adquiridas por repetição são de extrema importância. O seu planejamento quando direcionado adquire força e melhorias por repetição. Ele deve ser bem articulado, projetado, desenvolvido, acompanhado, implantado em pequena escala, onde se deve testar os canais de condução. Verificar a força micro e macro, quali e quanti, reforçar a indução, somente assim solidificar a ideia.

O que se vê acima é uma sequência de projetos, similar ao estudo de mercado para implantação de um novo serviço ou produto com as devidas simplificações e adaptações, e este livro que você tem em mãos, não foi feito ao acaso, houve-se muito planejamento.

Previamente em uma ideia ou meta de planejamento, estipulou-se um estudo sólido sobre o tema, que em questão estava ausente no mercado de informação, mas essencialmente a pauta deste conhecimento é uma necessidade intrínseca presente em cada um; "Como desbloquear, descomplicar seu planejamento". Objeto de dúvida para todas as pessoas que muitas das vezes não possuem uma forma de direcionamento, e não conseguem lidar com a volatilidade de eventos transcorrentes diários. O que torna esta ideia que já foi uma ideia primária, uma realização de aquisição de conhecimento direto, disposta de forma simples e bem articulada em um vocábulo simples para todos os públicos, apresentam-se aqui analogias ordinárias, comuns comprovadamente reais, que fazem parte da nossa noção de mundo e de nosso cotidiano.

Em conseguinte em meses após ávido e contínuo estudo, os assuntos de relevância majoritária se organizaram, através de uma concisa diagramação textual na forma de consolidar a trama decorrente, do estudo técnico e do teórico, sobre a sequência correta de conhecimento, para uma eficiente ordem de aprendizagem.

Outra importantíssima lacuna que, preenchida foi discutida, é como os recortes de estudos acadêmicos de referência, (estes que foram selecionados de acordo com o estudo proposto a cada capítulo) como eles poderiam enriquecer a experiência de leitura, mediante os arquétipos e neologismos de semiótica, de forma esclarecedora tecendo uma linha tênue em conjunto mútuo. Estudos comprobatórios acercando a veracidade. Dando suporte a teorias usuais vigentes que praticamos de forma automática, mas que para o público geral é difícil ou quase impossível segmentar uma modalidade de estudo lógica com base em escala evolutiva.

Por conseguinte, partilhemos da continuação que circunda o capítulo, toda a realização de um trabalho… Deste segue uma argumentação constante e são elas: capítulos sequenciais de programação de conteúdo progressiva em aprendizados, que estes coexistem em decorrência da fundamentação de conhecimentos certificados, tópicos teóricos, discussões análogas em subtópicos, como metodologias, métodos e conclusões.

Como um estudo acadêmico, podemos enxergar de forma construtiva de um relatório, ou mais simples, sensato e usual que isso, na sua forma operacional: organograma e posteriormente fluxograma. Vejamos:

Como e para que serve um organograma:

Um organograma, não necessariamente serve somente para ordens hierárquicas em uma empresa, mas também serve para organizar sua ordem de pensamento, a modo que você possa estipular uma ascensão em escala vertical.

De simples modo exemplificar a ordem hierárquica de valores atribuídos a esta obra, em sua construção podemos observar:

No topo: Criação do Livro " Como desbloquear seu Planejamento"
Necessidade e procura das pessoas através de conhecimentos de base sólidos.

Segunda hierarquia (subsidiária): base conectiva, tipos de conhecimentos sequenciais dos capítulos, abordados no tema mediante estudos comprobatórios. (Estudos científicos)

Primeira ramificação: diagramação do texto progressivo, tipo de linguagem.

Segunda ramificação: correlação do estudo científico ao desenvolvimento da obra.

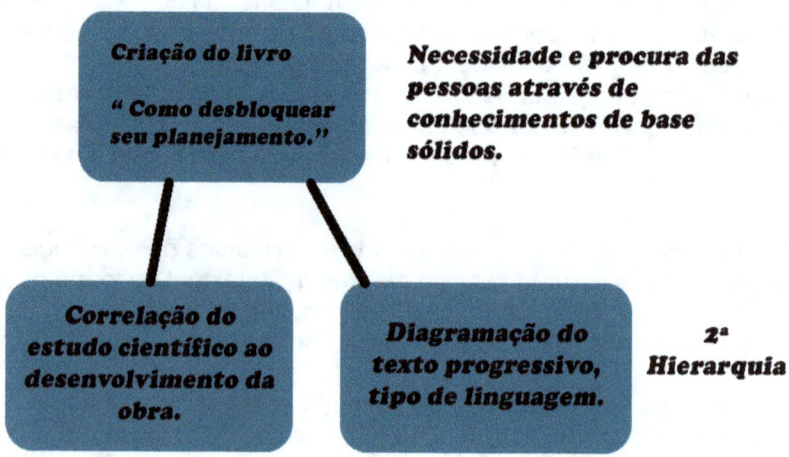

Seria este um simples e objetivo organograma de como funciona a estrutura motriz desta obra, visando que um organograma evidencie a estrutura interna de uma organização ou empresa.

As posições são representadas por caixas ou outras formas, por vezes fotos. Isso cria uma representação visual clara da hierarquia e classificação de diferentes departamentos que compõem a organização.

Esta montagem garante que você enxergue de forma nítida as etapas a cumprir e tenha um bom planejamento. Quando pensamos em organogramas, pensamos de modo geral resumido, sobre o tema ou assunto em questão, uma forma muito prática de você vislumbrar objetivos, conectar informações essenciais. Portanto, o organograma remete a algo organizado, e também a organizações.

A título de curiosidade existem vários tipos de organograma: vertical (o mais usado), matricial, horizontal, circular, funcional (nível de informações e detalhes).

Organize seu conteúdo: este é o primeiro passo de como fazer um organograma. Cada forma em um organograma representa um sistema complexo, o primeiro passo é identificar pessoas ou departamentos. Comece a partir do topo da organização, e faça o caminho para baixo.

Em sequência adicione formas e linhas, ligue os pontos superiores da camada, às estipuladas abaixo. O terceiro passo é adicionar informações.

Agora que você relembrou, ou se familiarizou com estas etapas básicas de um processo de metas e planejamento, explicaremos de forma mais detalhada a forma motriz deste seu planejamento, o que ele faz, e como deve funcionar, (as competências e atividades mais complexas). Tudo isso através de projeções estipuladas por estudo.

Fluxograma: é um diagrama que descreve um processo, sistema ou algoritmo, utilizado em várias áreas para documentar, estudar, planejar, melhorar e comunicar processos complexos por meio de diagramas claros e fáceis de entender.

Estes moldes usam retângulos, ovais, diamantes e muitas outras formas para definir os tipos de passos, assim como setas conectoras para definir fluxo e sequência. Podem ser gráficos simples e desenhados à mão ou diagramas abrangentes desenhados por computador descrevendo as várias etapas e rotas. Vemos que estão entre os diagramas mais comuns do mundo, utilizados por pessoas técnicas e não técnicas e em variadas áreas de atuação.

Fluxogramas também são conhecidos por nomes mais especializados, como fluxogramas de processo, mapas de processos, fluxogramas funcionais, mapeamento de processos de negócios, notação de modelagem de processos de negócio (BPMN, em inglês) ou diagramas de fluxo de processos (PFD, em inglês). Eles estão relacionados com outros diagramas bastante utilizados, como diagramas de fluxo de dados (DFDS) e diagramas de atividade de linguagem de modelagem unificada (UML, em inglês).

Exemplo de fluxograma:

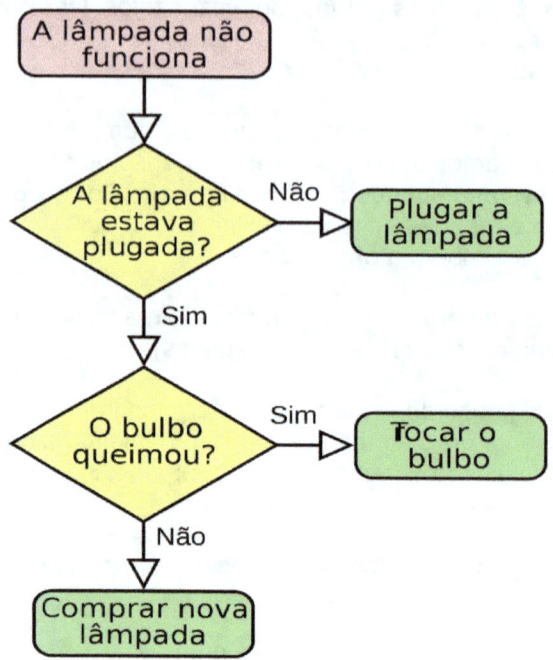

Fluxogramas para documentar processos de negócios passaram a ser utilizados nos anos 1920 e 30. Em 1921, Frank e Lillian Gilbreth, engenheiros industriais, apresentaram o "gráfico de fluxo de processos", à Sociedade Americana de Engenheiros Mecânicos (ASME, em inglês)".

No início dos anos 1930, o engenheiro industrial Allan H. Morgensen utilizou as ferramentas de Gilbreth para dar palestras sobre como deixar o trabalho mais eficiente para pessoas de negócios em sua empresa. Na década de 1940, dois alunos de Morgensen, Art Spinanger e Ben S. Graham, difundiram os métodos. Spinanger apresentou os métodos de simplificação de trabalho à Procter and Gamble. Graham, diretor da Standard Register Industrial, adaptou gráficos de fluxo de processos ao processamento de informações. Em 1947, a ASME adotou um sistema de símbolos para gráficos de fluxo de processos, inspirado no trabalho do casal Gilbreth.

Também no final dos anos 1940, Herman Goldstine e John Van Neumann usaram fluxogramas para desenvolver programas de computador, e a diagramação foi cada vez mais utilizada em programas de computador e algoritmos de todos os tipos. Fluxogramas ainda são utilizados para a programação, embora o pseudocódigo, uma combinação de palavras e linguagem de codificação destinada à leitura humana, seja frequentemente usada para descrever níveis mais profundos de detalhe e se aproximar de um produto final. (referencia, lucidchart.com)

Um fluxograma, capta perfeitamente as etapas de um processo, desmembrado, seja ele de forma automática ou não, com desdobramentos de tomada de decisão, para sim, ou para não, com ele você enxergará tudo aquilo que pensou quanto a metas, planejamento, no montante de seu gráfico ilustrativo, este que será a mecânica funcional de seu planejamento em longo prazo.

Mantenha em mente que direcionando os detalhes do seu gráfico e gerando uma comunicação clara, é um dos objetivo-chave dos fluxogramas.

Se o processo que você está mapeando envolve diferentes áreas, considere usar um diagrama de raias para descrever claramente as responsabilidades e transferências.

Agora que você está mais direcionado quanto à elaboração de um projeto, e sua decorrente funcionalidade motriz, ou seja, as etapas do processo, você já tem quase tudo para ministrar suas metas e seu planejamento. Falta mais uma vez você romper seu estudo sobre o tempo, como ele é no presente, como ele está se tornando, e quais as expectativas e os rumos que ele tomará. Só mediante a este entendimento é que você poderá decerto preenchê-lo de acordo com suas vontades, seguindo suas metas, pois controlar o tempo é algo impossível !

Você já ficou perdido no tempo?

Perdido em meio às tarefas a fazer e coisas a cumprir?

Ficou sem saber por onde começar?

Ficou sem cumprir algo por não ter um planejamento de tempo?

Isso não é uma particularidade sua, na verdade, esse é um problema mais comum do que parece. A chave para compreender esse problema é criar cronogramas para organizar suas tarefas.

Cronograma: é uma representação, gráfica ou não, do tempo investido em determinada tarefa.

Uma palavra que veio do grego, onde khronos significa "tempo" e gramma significa "algo escrito ou desenhado". Cronograma é uma ferramenta que utiliza o conceito de organizar atividades. Pode ser utilizada tanto para gestão pessoal quanto para gerenciamento de projetos, por exemplo.

Sua representação gráfica mais utilizada é na forma do diagrama de Gantt. Ele consiste na representação das tarefas em forma de barras em um eixo temporal. E sua principal vantagem é a facilidade de se observar as datas de início e término de cada uma das atividades.

	SEGUNDA	TERÇA	QUARTA	QUINTA	SEXTA	SÁBADO	DOMINGO
6:00							
7:00							
8:00							
9:00							
10:00							
11:00							
12:00							
13:00							
14:00							
15:00							
16:00							
17:00							
18:00							
19:00							
20:00							
21:00							
22:00							
23:00							
24:00							

O diagrama de Gantt, também conhecido como gráfico de Gantt, é um gráfico utilizado para demonstrar o avanço temporal de um projeto.

Foi desenvolvido pelo engenheiro mecânico Henry Gantt, em 1917, com objetivo de ser uma ferramenta de controle de produção.

O cronograma tem por objetivos:

- Identificar e organizar a sequência cronológica de atividades a ser executada para conclusão de um projeto;

- Manter claro os prazos para entrega de cada tarefa;

- Deixar evidenciado o atraso ou adiantamento da conclusão de toda atividade;

- Auxiliar no controle com intuito de seguir o planejamento;

- Prever com maior exatidão uma data para conclusão de um projeto.

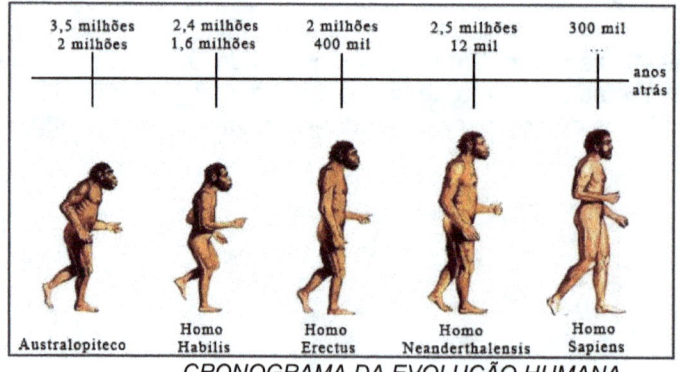
CRONOGRAMA DA EVOLUÇÃO HUMANA

Para você realizar um cronograma, entende-se por etapas, vislumbrar, adaptar, testar e ajustar as etapas do projeto, como visto em organogramas e fluxogramas, para que você não se perca nas atividades de metas a serem desempenhadas.

Desenvolva uma EAP: estrutura analítica do projeto, análises completas, como ditadas no decorrer deste livro. Com isso fica mais visível todas as atividades que devem ser desempenhadas, bem como qual atividade é dependente de uma outra atividade.

Defina os prazos para entrega de cada uma dessas atividades e, se uma atividade depender do término de outra, defina também a data de início com base nisso. Agora, basta organizar todas essas tarefas em ordem cronológica de execução.

A revisão e a manutenção de um cronograma realista continuam sendo executadas durante todo o projeto à medida que ele avança. É possível realizar tudo isso manualmente ou com auxílio de alguma ferramenta.

Com o auxílio do entendimento destes três recursos disponíveis para alavancar seu planejamento, penso eu, que todos devem ser prostrados no mesmo local e ambiente, visando uma forma de rápida consulta, em um local que você e ou pessoas que possam estar envolvidas no projeto possam ter fácil acesso.

Vale lembrar como visto no início deste capítulo que formas manuais de escrita são as mais práticas de serem arquivadas. Seu cronograma pode ser uma mapa que você rastreie em algum lugar que mais frequente, seja seu escritório, seu quarto, a porta de vidro da sala como um post it, mas nada o impede que formule este mapa em um meio digital de modo armazená-lo em um computador, em um tablet, ou smartphone.

Lembre-se: O contato visual, faz a conexão mestra, servindo de ponte para que seu cérebro possa associar a projeção transcrita. Fazendo você enxergar o projeto e instrumentá-lo, para que de irreal ele se materialize em forma real.

Como vencer um projeto falido.

(Seja como um animal, aja com instinto, seja programado para vencer.)

Certa vez, estava eu confabulando com meu amigo João, na empresa em que trabalhamos, sobre assuntos extremamente prodigiosos, como Deus, religiões, (com a mente aberta, esta obra independe de religiões, prossiga a leitura...) almas, Salomão,(este que Deus lhe permitiu um dom.) E ele escolhendo sabedoria, poderia alcançar todos os outros desejos.

Comecemos este capítulo bem! Independentemente de sua religião, estude sobre provérbios de Salomão, estude sobre conhecimento, personalidades que revolucionaram o mundo com suas ideais a frente de seu tempo, e que graças a realidade que foram concebidas, desfrutamos de maior conforto, praticidade e maior aproveitamento de tempo, pois tudo está relacionado ao nosso ímpeto, a força de partida, na capacidade de testar, de fazer coisas, agindo de forma rigorosa, prodigiosamente.

Assim nos compete. Se somos feitos à imagem e semelhança, sempre mantenhamos nossa fé, nossa bondade, e honestidade, e quando precisamos sempre de ajuda, voltemos ao manual, a nossa fé, em algo superior, a força que nos rege, independente do que você acredita, portanto, necessitamos do divino e ele nos fez do sopro, a fagulha, a faísca da vida, a forma humana mais evoluída presente, para nos dar esta capacidade imensa de pensar e resolver quase totalmente os demais problemas.

Um ponto alto da conversa entre eu e meu amigo na verdade foi uma pausa de observação. A imensa e estranha trova de uma formiga em subir com um alimento na parede, devendo estar levando mantimentos para seu ninho, que com certeza deveria estar em patamares mais elevados ou fendas nas paredes.

Analogamente ao que confere este título, houve naquele presente momento uma inserção cognitiva iluminada:

Metodicamente, a formiga (Formicidae da ordem Hymenoptera) pode carregar até cinquenta vezes seu peso, e assim foi observado, com menos esforço.

Uma formiga, esta, (a qual observamos), adere à superfície inclinada, de uma parede próxima, escalando-a com uma folha grande para seu tamanho. Ela ruma sua escalada, mas nos primeiros dez centímetros, ela cai.

Novamente de pé e com o seu fardo de mantimento (a folha) ela inicia sua escalada. Mas poucos centímetros, mais acima da primeira queda, ela despenca novamente.

Sem pestanejar, de imediato, obstinada, mais uma vez ela desata a subir, vai mais longe, alternando o caminho, mas pouco mais acima, sucumbe e desmonta novamente rumo ao chão.

Resumindo: em meras 8 vezes de tamanhas quedas, uma maior que a outra, sem desistência, sem paradas para sentimentalismo ou repúdio, a formiga cada vez traçou novas rotas de percurso.

De maneira inteligente, sua sagacidade, aliada com seu instinto e a capacidade de aceitação de suas dificuldades, a possibilitou converter as experiências desastrosas em aprendizado, gerando uma mudança de comportamento, o que trilhou sua vitória, seu sucesso!

Obstinação do instinto, sem espaço para aceitação de derrotas, e com ampla capacidade de mudanças de adaptação, de acordo com as experiências anteriores resultantes, (testes intuitivos), tudo isso resultou em sua conquista.

Um animal programado para vencer!

A formiga mesmo podendo carregar mais de 50 vezes seu peso, venceu uma barreira de mais de três metros, isso equiparando ao seu tamanho de oito a dez milímetros (relativamente), ela venceu o desafio 37.500 vezes o seu tamanho, sem considerar as vezes que sucumbiu, desmoronou e voltou ao seu ponto de partida original, sem o menor estupor e sem considerar o sentimento de derrota em nenhuma hipótese!

Portanto, caro leitor, de forma simples, desistir não é uma opção! Rever conceitos e formular novos estratagemas, sim, isto é uma adaptação! Todo o projeto inicial contém falhas graves, má aceitação do público, do mercado. Mantenha a calma, não se desespere! É o contato inicial a difusão de um novo paradigma, novos ideais, são contestados, Muitas vezes são impactantes, mas novas idéias fazem parte de uma mudança de grande importância na escala evolutiva, e cabe a nossa civilização evoluir para receber esta nova possibilidade de negócio.

Pense hoje em dia, o Rei da Tv como conhecemos, o Silvio Santos! Em sua época foi o pioneiro aqui em nosso país em trazer a alegria na televisão, combinando sorteios, títulos de capitalização, prêmios, como modalidade de negócios. Sílvio foi o maior ícone da tv brasileira! O maior comunicador com o público de todos os tempos! (Descanse em paz, que Deus o ilumine sempre!).

Hoje em dia, com a disponibilidade de alta tecnologia e a portabilidade de recursos, qualquer pessoa consegue abrir uma emissora de televisão, principalmente digital, streaming que oferece ao público conteúdo para opção de assistir em qualquer hora, lugar mediante login. Mais claro e objetivo do que isso, são os canais na internet, youtube, onde todas as pessoas podem criar conteúdo e fazer sua programação. Portanto, hoje em dia ninguém consegue impactar tanto a sociedade nesta modalidade de negócios, ou ficar rico. A oportunidade era esta naquela época. E o saudoso e magnânimo Sílvio Santos consolidou seu grupo de mesmo nome com segurança e solidez até os tempos atuais de forma astuciosa, investindo dos lucros da comunicação em ramos imobiliários, financeiros (banco), cosméticos, dentre outros. Sílvio com certeza deixou um legado incrível e muita saudade em nossos corações. A vida tem que continuar.

Caro leitor, você entende, que esta oportunidade de inovação foi importante naquela época? Hoje nada nos impede de fazer um conteúdo diferenciado para tentar captar espectadores. Mas o que digo, é que não é algo pioneiro, existe muita concorrência, streaming por todos os lados, e muita concorrência. Visto que com a tecnologia de comunicação nos tornamos cada vez mais seletivos, sem tempo de lazer e ou tempo para nos prendermos a um canal de TV, o que naquela época era a única forma de entretenimento e conhecimentos que possuíamos. A maioria das pessoas não assistem mais canais de televisão, quando assistem tv, é o que elas escolhem. Hoje as pessoas não lêem mais, mal sabem escrever e este nosso idioma escrito, que é o mais difícil do mundo em ortografia e gramática. Hoje as pessoas rolam vídeos no celular por horas e se expressam verbalmente com muita dificuldade, você é uma pessoa singular e privilegiada por ler este livro, um vencedor.

Voltando ao ponto, das oportunidades, pense no maior gênio de nosso século. O homem mais rico do mundo, Elon Musk. Dono de diversas empresas. Internet móvel via satélite, mais de 12.000 deles ao redor do mundo, SpaceX a agência privada que presta serviço ao governo norte americano. X a rede social de comunicação mais integrada e fonte de informação em tempo real mais acessada do mundo. O banco X (hoje Paypal) primeiro banco digital nos anos 2.000 (possibilitando transações digitais usadas hoje) que surgiu devido ao reinvestimento financeiro de sua criação do que hoje é o google maps. E o principal a oportunidade de sua vida, que quase o levou à falência três vezes. A Tesla Motors. Os carros elétricos mais usados do mundo. Livres de poluentes, autônomos, dirigem sem a presença humana. Veja onde chegamos!

Portanto, associe se realmente vale a pena tentar criar um público de espectadores na internet… cada um quer ser protagonista do mundo, é isso que as redes sociais querem que você faça! Expor seu mundo, seu conteúdo, e elas também ganham, mais até que os próprios criadores…

Pense no carro elétrico a 50 anos atrás. Não era viável de forma alguma, tanto em desempenho quanto tecnologia. E se eu te disser que há cem anos já existia o carro elétrico? O primeiro carro elétrico foi o Flocken Elektrowagen, criado em 1888 na Alemanha pelo empresário e inventor Andreas Flocken. O veículo era uma charrete de quatro rodas, com um motor de 0,7 kW e uma bateria de 100 kg, que podia atingir uma velocidade de 15 km/h. Baterias de chumbo.

- Por volta de 1890, já havia uma frota de táxis elétricos em Nova York, nos Estados Unidos.

- Em 1898 Ferdinand Porsche introduziu o P1

- Em 1950, a Henney Coachworks e a National Electric Company produziram o Henney Kilowatt, um carro elétrico baseado no Renault Dauphine francês.

- Em 1966, a General Motors apresentou a Electrovan, movida a célula de combustível de hidrogênio.

- Em 1974, João Conrado do Amaral Gurgel apresentou o Itaipu, o primeiro carro elétrico da América Latina a ser produzido em série.
- **(Isso mesmo aqui no Brasil, sem incentivos e sem viabilidade perante a tecnologia da época, sem viabilidade portanto, muito menos eficaz que o carro a combustão.)**

- Na década de 1990, a Eletrobrás Eletropaulo desenvolveu o "Eletrobras", o primeiro carro brasileiro. (Entendam que se o Brasil passasse por adquirir tecnologia, em vez de vender commodities brutas a preço de banana, poderíamos ser líderes mundiais em vários setores da economia. País de primeiro mundo, pois somos o país com maior produção de recursos naturais do mundo. E não escravos do capitalismo e venda de matéria prima que somos hoje. O maior presidente que não tivemos enxergava isso a 30 anos atrás, Dr. Enéias Carneiro.

- A produção em larga escala de carros elétricos começou por volta de 2010 principalmente e prodigiosamente pela Tesla de **Elon Musk**.

Feito este prospecto, este estudo breve da evolução da tecnologia, podemos ver de forma visceral que a oportunidade favorece as mentes preparadas, mais do que isso, as oportunidades para serem válidas de muitos aspectos, como a evolução da sociedade em enxergar as melhorias que o futuro pode trazer, a tecnologia que está sempre em evolução. (Os carros elétricos são muito melhores hoje em dia que os carros à combustão. Carros elétricos dominarão o mundo.) Além do mais, as oportunidades precisam de muito investimento em capital, muita aceitação de mercado e uma enorme vontade de empregar o pioneirismo. Assim como fez Elon Musk, um gênio de nossa época.

Seu projeto de planejamento tem que oferecer algo novo para o mundo, mas para isso acontecer estude a fundo, se realmente vale a pena, como visto anteriormente na formulação de um planejamento. A sua viabilidade, será estudada em pequena escala, mediante a um estudo de mercado, em suma, a aceitação de mercado, o que nada mais é que a micro ambientação (oferta) de uma nova idéia, gerando um produto, serviço, ou bem de serviço em sua aceitação e precisão (demanda).

Medir a satisfação do cliente é essencial para qualquer tipo de empreendimento. Em um cenário de mercado competitivo, mensurar a satisfação do cliente é um fator de diferenciação. As empresas bem sucedidas no mercado são aquelas que têm a satisfação do cliente como prioridade.

A obtenção de dados claros e imparciais permite que sejam encontradas soluções para os problemas relativos ao produto, instaurando-se um feedback no pós, e pré venda.

Pesquisa de satisfação: a pesquisa é um dos métodos mais utilizados pelas empresas para avaliar a satisfação de um cliente quanto ao produto ou serviço oferecido, já que garantem o retorno e a credibilidade dos dados obtidos. Ela permite ao empreendedor visualizar o significado da marca e ou produto para seus consumidores, quanto ao seu aspecto visual, como o produto ou serviço se apresenta.

Redes de comunicação (social): As redes sociais são ferramentas de relacionamento com o cliente, permitindo ao empreendedor estabelecer um contato mais próximo com este, e conhecer seus desejos e necessidades. Apresentar um produto ou serviço nas redes sociais é uma ótima forma de medir a aceitação do seu público alvo.

Retenção de dados: esta é uma parte organizada em escala, o conglomerado geral de opiniões, estas que resultam em apontamentos específicos em cada um dos itens debatidos em sua pesquisa de acordo com uma escala.

Estas e outras etapas são um prelúdio a ser cumprido em uma validação de mercado, onde se estuda um produto que está apto a ser deveras comercializado, se está inserido no meio, se tem uma aceitabilidade e se preenche lacunas de deficiência na necessidade real dos consumidores. De modo geral, o produto deve evoluir em relação aos concorrentes.

Este é o conceito para que a ideia seja levada à diante. É a partir dela que a empresa consegue direcionar melhor seus esforços para algo que tem mais chances de sucesso.

A partir de um produto minimamente viável, você obterá feedback dos consumidores e poderá fazer os ajustes necessários antes de lançar a versão final.

Em Design Thinking, que são as maiores estratégias de desenvolvimento para pensar em soluções é também uma forte validação de mercado.

Dá-se em quatro etapas:

- Imersão: esta é a busca em identificar um ou vários problemas.

- Criação: variáveis de ideais, que buscam resolver todos os problemas.

- Projetos protótipos: são feitos testes nas melhores ideias selecionadas, com intuito de viabilizar a mais adequada das soluções.

- Desenvolvimento: com as devidas adaptações, ajustes e modificações, parte-se para o modelo desenvolvido de uma versão final.

Portanto, como listado aqui, as principais estratégias de desenvolvimento de um projeto, cabe a você estudar com suas falhas. Os meios de rever seu piloto protótipo, e não desistir, mesmo com inviabilidades de negócio, custos elevados, sempre há um modo de enxugar gastos em ideias inovadoras, como por exemplo, buscar investidores, através de empresas de capital aberto, ou auxiliares impulsionadoras de startups.

Sua idéia de planejamento, somente não será viável se for algo inútil, sem serventia, desconexo, mirabolante, desonesto, não adaptado aos ramos de negócios, sem muita perspectiva de lucro, algo egoísta e narcisista. (isso infunde se as metas forem pessoais) Caso contrário você poderá se reinventar e vencer a barreira da queda quantas vezes forem necessárias, como a formiga em seu ímpeto imparável, com seu instinto programado para vencer!

Posteriormente, ou durante algo que está dando certo, cabe a você, ou sua organização, a difusão de seu planejamento, mediante ao produto final indexado.

A real Publicidade e Propaganda. Significa, genericamente, divulgar, tornar público um fato ou uma ideia. A palavra publicidade deriva do latim "publicus", "público" em português.

Realmente as maiores aspirações de sucesso são aquelas que expandem nossa visão de mundo, como itens comercializáveis que a princípio são imagináveis, mas se tornam reais, a propaganda e publicidade tem esse efeito, instaurar desejos e necessidades nas pessoas que elas anteriormente não pensariam em possuir, logo, tornando-se necessidades triviais, como por exemplo, a energia, comunicação imediata online, prospecções, estimativas na bolsa de valores. Somos a única espécie animal no mundo que acredita e vende o imaginário, como a previsão de mercado futuro, que arrecada valores incontáveis a cada ano.

Se uma empresa decide ter um maior impulso econômico para angariar fundos para um novo investimento, ela se torna uma S.A. sociedade anônima, esta empresa se torna de capital aberto, e emite ações que são títulos que representam partes do todo da empresa. As pessoas compradoras das ações são proprietárias apenas de uma parte ideal da empresa. Consequentemente, a empresa que emitiu o montante de ações e conseguiu vendê-las pode custear seu novo investimento almejado, pagando com os lucros a parte correspondente a cada acionista que comprou uma parcela da empresa, (ações).

É o caso de muitas e muitas empresas que vemos hoje em dia. Como as estatais, mais conhecidas como: Petrobras, Eletrobrás, Caixa Econômica Federal, BNDES, Banco do Brasil, etc.

Todas estas empresas estão sujeitas a intempéries provindas de fatores externos, que refletem em um parecer ou previsão negativa, ou positiva, mas são ocasionados aleatoriamente por nós humanos ou não, um exemplo disso, são guerras, que boicotam suplementos, ou bloqueiam a economia de um país, má administração, catástrofes naturais, escândalos financeiros administrativos, ou até pessoais.

Mais um exemplo disso: se uma empresa inovadora inicia seu ciclo na comercialização de ações, segue com muitos preceitos positivos, possuindo a capacidade de agregar valor, humanitário, biológico, étnico, esta se torna uma explosão de previsões positivas propondo melhorias ao mundo. Com toda a certeza, sua ação ordinária que valia pouco, subirá devido a sua procura:

Se há mais pessoas que querem comprar uma ação do que vendê-la, o preço irá subir, até porque essas ações são mais raras e as pessoas vão pagar um preço mais alto por elas. Por outro lado, se há uma série de ações para venda e ninguém está interessado em comprá-las, o preço cairá rapidamente.

Uma vez que não há demanda real para as ações da empresa que está sendo vendida, o acionista é forçado a aceitar um preço mais baixo pelos papéis.

Pois é, tudo gira em torno de sobreposições do imaginário, prospecções de mercado futuro, até mesmo notícias de última hora influenciam na cotação de abertura e ou fechamento de um título, seja ele qual for.

No entanto, a mídia de massa, a propaganda decorrente de qualquer tipo de bem, produto ou serviço, sobrepõe qualquer trâmite adverso, pejorativo que uma corporação ou segmento de mercado possa ter, ou o contrário, é cruel quando identifica falhas e letal quando apontadas e difundidas ao público.

A publicidade permite que o público se conecte com o seu produto ou serviço e se identifique ou não com o seu negócio.

Se a relação entre o consumidor com o seu negócio se dá de uma forma positiva, as vendas acontecem e se multiplicam, pois as pessoas vão compartilhar suas experiências caso recebam benefícios, que na maioria das vezes é a solução de muitos problemas.

Como se comunicar com o público certo? Como ter bons resultados em anúncios publicitários? É possível interagir com meus clientes de forma mais prática?

A resposta é sim, através da publicidade criativa, através dela em um contexto proposto, e mensurável transforma o jeito com que as pessoas se relacionam com as marcas. São aquelas em que o contexto se mistura com a marca e vice e versa, o contexto tem de ser interessante e criativo, bem humorado, vale de tudo! bom quase tudo... mas o que você deve captar como principal fundamento da ajuda impulsionadora que a publicidade lhe dará em seu projeto está a seguir:

Os Quatro pilares do planejamento de marketing.

Mix de Marketing, baseado no modelo proposto por Jerome McCarthy e Philip Kotler, ajuda diariamente empresas.

O mix é simplesmente formado pelos 4Ps que são: Preço, Produto, Praça e Promoção,

- Preço:

Quanto custa? Quanto o consumidor está disposto para consumir sua marca? O essencial aqui é oferecer ofertas atraentes, mas que não prejudiquem o setor financeiro da empresa.

Mas se seu segmento, acompanhar uma classe de maior poder aquisitivo, pense em englobação de vendas, sempre há um jeito de inserir no mercado produtos acessíveis também a grandes massas.

Este ponto deve ser muito bem embasado no conhecimento sobre seu público.

- O Produto:

Seu produto oferece o que diariamente? Qualidade de vida? Melhora a vida das pessoas? Em que aspecto? Resolve problemas e necessidades?

Se sim, sua marca está caminhando para não ser esquecida, pois satisfaz necessidades, mediante a aprimoração constante do produto, e a cada nova atualização o cliente passa a ter maior vínculo com a marca.

A marca deve se prostrar à frente da concorrência, e se promover como a melhor opção!

- A Praça:

Onde encontrar seu produto, ou bem de serviço? Seja o local de venda físico ou digital ele é conhecido como praça.

Basta saber onde seu cliente está, onde ele vai estar, o nicho em que se encaixa. Conhecendo seu público alvo detalhadamente, ajuda a escolher o melhor lugar para expô-lo, afinal, ainda hoje a melhor propaganda que existe é a interpessoal, onde se há um contato positivo, presencial.

- Promoção:

    A porta de entrada para a propaganda,
    O mundo precisa descobrir seu produto, saber para que ele veio, como se aperfeiçoa gradualmente, e quais os problemas da humanidade ele pretende enfrentar com êxito.

    Definindo onde você irá divulgar, que canal receberá sua mensagem, busque evidenciar sempre os benefícios adquiridos junto a marca e o produto ou bem de serviço. Fidelize o cliente, o que você possui de diferença positiva em relação a concorrência? Então destaque isso. Lembre-se sempre destas palavras, custo x benefícios.

Cada um dos indicadores acima precisa estar muito bem alinhado para que você consiga conquistar clientes. Um depende do outro, funcionando perfeitamente, para que no final seu planejamento de venda aconteça.

Todas as conquistas começam com um grande objetivo e metas bem definidas.

Seja na vida pessoal ou profissional, você precisa saber aonde quer chegar antes de encontrar o melhor caminho.

O problema é que nós não somos ensinados a planejar nossas vidas e carreiras desde a escola primária dessa forma.

Temos sonhos, desejos e aspirações de sobra, mas a maioria nunca sai do papel, ou nem chega a ser registrada.

Quando conseguimos definir metas, esbarramos na dificuldade em segui-las por falta de disciplina, tempo e motivação, paramos no tempo com a barreira de outros compromissos urgentes.

Ou pior: definimos metas impossíveis, mirabolantes que nos paralisam ainda mais.

Metas são tarefas específicas que devem ser cumpridas em um determinado prazo de tempo, como parte de um objetivo maior.

Elas representam um ponto a ser atingido, um alvo, e geralmente são quantificáveis, além de incluir ações claras para sua realização.

Cumpra suas metas! Assim, as chances de sucesso se multiplicam, pois você se mantém motivado com as pequenas vitórias ao longo do caminho.

As metas são tarefas específicas que compõem os objetivos e nos permitem alcançá-los um passo por vez, com calma, seja na vida pessoal ou profissional. Ao traçar metas realistas, alcançáveis e com prazos, você consegue encurtar o caminho até a realização dos seus planejamentos.

É como se você quebrasse o objetivo em porções menores, diminutas, que são mais rápidas e fáceis de atingir e ajudam a avançar continuamente no plano.

Você deverá trabalhar com:
Metas específicas: metas práticas e específicas que direcionam claramente as ações, saber exatamente o que deve ser feito.

Metas alcançáveis: metas realistas e possíveis de serem atingidas nas condições atuais.

Metas relevantes: metas relevantes, com grande potencial para dar certo, e gerar resultados positivos, esta é uma idéia de continuidade, a que te permite deslocar parte do tempo útil em prol de algo maior em seu planejamento.

Metas temporais: metas com prazos definidos, para que as tarefas sejam cumpridas sucessivamente, sejam elas diárias, mensais, anuais, o passo a passo deve ser executado, para assim iniciar-se uma nova etapa concluindo a anterior, um ponto de transição deve ser criado, a melhor forma de conclusão nesta etapa é a elaboração de um cronograma.

O equilíbrio para o sucesso, é um intermédio entre metas pessoais e profissionais.

Esta é a função das metas: direcionar as rotas para alcançar suas realizações, formar, dar corpo a seu planejamento.

Observando os níveis hierárquicos, distinguem-se três tipos de planeamento: planeamento estratégico, tático e operacional.

O planejamento estratégico considera um todo e é elaborado pelos níveis hierárquicos mais altos da organização. Relaciona-se com objetivos de longo prazo e com estratégias e ações para alcançá-los.

No segundo nível de planejamento, o tático, a atuação é em cada área funcional, compreendendo os recursos específicos. Seu desenvolvimento se dá pelos níveis organizacionais intermediários, tendo como objetivo a utilização eficiente dos recursos disponíveis com projeção em médio prazo.

Já os planejamentos em nível operacional correspondem a um conjunto de partes homogêneas do planejamento tático, ou seja, identifica os procedimentos e processos específicos requeridos nos níveis inferiores da organização, apresentando planos de ação ou planos operacionais. É elaborado pelos níveis organizacionais inferiores, com foco nas atividades rotineiras, portanto, os planos são desenvolvidos para períodos de tempo bastante curtos.

A maioria dos planos é focada em inúmeras projeções, promessas que dependem de inúmeros fatores a serem cumpridas especificamente em um novo negócio.

Planejar é decidir com antecedência o que fazer, como fazê-lo, quando fazê-lo, e quem deve fazê-lo. O planejamento cobre o espaço entre onde estamos e para onde queremos ir. Torna possível a ocorrência de eventos que, em caso contrário, não aconteceriam. Embora o futuro exato não possa ser predito, e fatores incontroláveis podem interferir com os planos mais bem formulados, a menos que haja planejamento, os eventos serão deixados totalmente ao acaso.

Planejamento é um processo intelectual exigente, requer determinação consciente das alternativas de ação e a fundamentação de decisões em finalidades, conhecimentos e estimativas cuidadosas.

Planejamento é uma ferramenta administrativa, que possibilita perceber a realidade, avaliar os caminhos, construir um referencial futuro, o trâmite adequado e reavaliar todo o processo a que o acoplamento se destina. Sendo, portanto, o lado racional da ação. Tratando-se de um processo de deliberação abstrato e explícito que escolhe e organiza ações, antecipando os resultados esperados.

Esta deliberação busca alcançar, da melhor forma possível, alguns objetivos pré-definidos. Estimativa de metas a cumprir para que se alcance o planejamento principal.

Uma atividade premeditada exige deliberação quando se volta para novas situações ou tarefas e objetivos complexos ou quando conta com ações menos familiares. O planejamento também é necessário quando a adaptação das ações é coagida, por exemplo, por um ambiente crítico envolvendo alto risco ou alto custo.

Uma vez que o planejamento é um processo muito complicado, que muitas vezes consome tempo e dinheiro, é importante que o planejamento seja entendido como um processo cíclico e prático das determinações do plano, o que lhe garante continuidade, havendo uma constante realimentação de situações, propostas, resultados e soluções, lhe conferindo assim dinamismo, baseado na multidisciplinaridade, interatividade, num processo contínuo de tomada de decisão.

Portanto vença a barreira da queda!

Seja Otimista

Este é um dos maiores desafios que enfrentamos, com a rotina corrida e dificuldade em seguir nossos planos.

Metas pessoais são os meios para atingir objetivos próprios, já as metas profissionais são o caminho para chegar à sua aspiração na carreira, ou na profissão que escolher.

Obviamente, ambas andam lado a lado, pois você precisa se planejar profissionalmente para alcançar os objetivos pessoais e vice-versa.

Logo, se você quer equilibrar as duas dimensões, é melhor começar a se preocupar com sua gestão do tempo. Sem distrações!

As metas são o roteiro prático para alcançar os objetivos, responsáveis por guiar você na direção certa.

Sem elas, você se vê diante de um objetivo gigantesco e não sabe nem por onde começar o trabalho.

Ao destrinchar esse objetivo em pequenas metas, você consegue ligar os pontos e avançar passo a passo rumo às grandes realizações da vida pessoal e profissional.

"Você só consegue chegar a algum lugar se souber exatamente para onde está indo."

Para definir metas, você precisa partir de um objetivo.

Para a sua qualificação ser melhor, foque em criar excelência, cada vez mais. Seu dinamismo além da fluência em ser positivo deve ajudá-lo muito a cumprir seus compromissos, você terá que exercitar sua questão comportamental.

Tenha foco: Ao traçar metas, você se manterá no caminho que planejou sem desviar dos seus objetivos. Sem ficar disperso e perder tempo e energia com tarefas desnecessárias.

As metas nos possibilitam planejar as nossas rotas, rumo ao nosso ideal de planejamento e ao temporaliza-las, as distrações desnecessárias ficam cada vez menos atraentes.

Tenha disciplina: a capacidade de ordenar, regular e direcionar suas próprias atitudes e escolhas são a base para a realização de qualquer meta, objetivo e propósito na vida.

Mais do que um comportamento metódico, a disciplina é sua força para vencer a si mesmo e ajustar sua conduta aos seus objetivos.

Naturalmente tendemos as mecânicas de autossabotagem, seja por cansaço, desânimo ou falta de perspectiva.
É aí que entra a disciplina, como o impulso que vai manter você fiel às metas que traçou.

Tenha dedicação: Investir nas suas metas de vida é a maior prova de dedicação a si mesmo e ao seu futuro. Não há conquistas sem trabalho duro.

Cada meta exigirá tempo, esforço, disciplina e energia de sua parte.

Confiança: a autoconfiança também tem um papel essencial na motivação para seguir suas metas até o fim, só você sabe as suas qualificações, só você pode determinar se aquilo que você propôs como planejamento é viável e se terá uma recompensa a ser lograda com sua conclusão.

Confiar em si mesmo significa acreditar que você merece cada conquista e que tem plena capacidade de lutar pelos seus sonhos.

Assim, quando for criar uma meta, saiba que você é capaz de atingi-la e pense apenas no sucesso.

Acompanhamento: Acompanhar o progresso de cada meta é essencial para ter resultados satisfatórios.
São esses passos que vão definir o quanto você avançou na meta e permitir uma sequência de acompanhamento mais eficiente, permita-se a devaneios sem exageros, celebre suas metas temporais, as conquistas são suas!

Mudanças são necessárias: Uma das maiores dificuldades em cumprir metas está no medo de mudanças que é típico do ser humano.

Nós temos medo do novo e não queremos deixar nossa zona de conforto, mas isso é necessário para alcançar qualquer objetivo.

Para lidar com esse receio, você precisa aceitar que todo plano envolve riscos.

Mesmo um eventual fracasso em uma meta não significa a desistência do planejamento, basta ajustar ligeiramente suas metas. Reformular é ter confiança no feitio e expor de outro modo, uma nova solução para continuar planejando, adapte-se, adeque-se, tudo na vida é de aceitável adaptação.

Motive-se: A automotivação é o segredo das pessoas bem-sucedidas, que de forma anônima perseguem seus objetivos com garra e empenho, alcançando êxito. Seja com qualquer estímulo bom, que lhe traga ânimo, vigor, benevolência, sensações boas, seu físico e sua mente irão se equilibrar, para que seu interior se comunique com o exterior e de forma balanceada consiga vencer cada obstáculo proposto.

Tenha um bom plano de ação: As metas específicas exigem empenho nas tarefas, mas você ainda precisa de um plano de ação para colocá-las em prática.
A execução das metas deve ser desdobrada em listas de tarefas, que constituem seu plano de ação. (Cronograma)

As metas realizáveis guiam sua vida, mas as metas irreais têm o efeito oposto. Quando você define uma meta impossível, que exige um esforço imenso e tem poucas chances de se realizar, está automaticamente se boicotando.

Por isso, é tão importante ser realista e analisar racionalmente suas condições antes de fixar algo que só vai atrasar sua vida.

Pense com você mesmo:

Consigo realizar essa meta dentro desse prazo sem prejudicar outros compromissos e obrigações?

O esforço requerido para essa tarefa é proporcional aos seus resultados?

Essa meta poderia ser dividida em mais etapas para facilitar e acelerar sua realização?

Qualquer que seja o seu objetivo central, o ideal é começar com metas mais simples e ir avançando aos poucos na complexidade e intensidade das tarefas.

Assim, você vai sentir o ritmo do seu progresso e poderá conciliar melhor suas atividades diárias com a dedicação às metas.

Outro viés serão sempre as pessoas que irão te atrapalhar, e não irão te apoiar:

Se você está perseguindo suas metas desenfreadamente, prepare-se para enfrentar a falta de apoio das pessoas ao redor. Este problema é muito comum em vários tipos de ambiente, seja no familiar, no trabalho, no social, muitas vezes o mau olhado está mais próximo do que você imagina. Seja precavido, não comunique nada a ninguém, faça por você mesmo, quando der resultados e for concretizado as pessoas verão pessoalmente, e não poderão atrapalhar o desenvolvimento do projeto.

As técnicas de planejamento pessoal e profissional deveriam fazer parte do currículo, de nossa bagagem em nossa educação.

No entanto, quase nunca temos contato com essas metodologias.

Por isso, vale a pena investir em formações que tragam novos conhecimentos e ferramentas para alcançar metas e planejamentos.

Com os métodos certos, você pode gerir sua carreira e vida pessoal com mais eficiência.

Faça seu planejamento pessoal e profissional no início de cada ano, revisando suas conquistas e atualizando metas e objetivos.

Literalmente, o otimismo significa a disposição para ver as coisas pelo lado bom e esperar sempre uma solução favorável, mesmo nas situações mais difíceis.

O adjetivo "otimista" descreve uma atitude mental com tendência a ter uma visão favorável sobre as situações da vida. Uma pessoa com otimismo é mais propensa a esperar um resultado positivo do que negativo. Ou seja, o otimismo é simplesmente antecipar o melhor resultado possível em qualquer situação.

Ter um pensamento positivo traz consigo uma série de benefícios, como melhorias no bem-estar e sono. Os otimistas também conseguem ver oportunidades em situações negativas.

O otimismo não é apenas definido como a tendência de esperar que as coisas saiam melhor do que a probabilidade prediz. Da mesma forma, o pessimismo não é definido apenas como a tendência de esperar que as coisas saiam mal.

Ambos os termos são usados para descrever a forma como pensamos sobre as causas da adversidade. O pessimismo, em particular, é definido como a tendência de pensar nas adversidades de uma forma que nos faz sentir impotentes. O pessimista tem a tendência de atribuir as causas da adversidade a forças internas, universais, imutáveis.

Possuir um estilo tão pessimista nos coloca em extrema desvantagem. Especialmente ao nos impedir de reagir à adversidade de maneira que facilitam a superação. Em outras palavras, se gastarmos nossa energia defendendo a lógica de que não conseguimos fazer algo, quase certamente não seremos capazes de fazê-lo.

Pessoas com um estilo pessimista também correm um risco maior de desenvolver estresse pós-traumático e depressão quando a adversidade ataca. Da mesma forma, perdem sua motivação quando falham.

Nem todos os pessimistas e otimistas são criados iguais. Pessimistas depressivos, acreditam que não têm a capacidade necessária para ter sucesso e, portanto, que seus esforços são irrelevantes. Os pessimistas defensivos, por outro lado, também se preocupam com resultados negativos, mas usam sua ansiedade para se motivarem em ação.

Curiosamente, o pessimismo defensivo reconhece a possibilidade do fracasso sem permitir que ele desencoraje a fazer os esforços necessários para evitá-lo. Em um estudo sobre jogadoras de basquete feminino, aquelas identificadas como pessimistas defensivos superaram em performance até as otimistas.

O que explica um resultado tão contra intuitivo? Uma possibilidade é que um estilo cegamente otimista pode levar a excesso de confiança. Alguém que é cegamente otimista pode, na verdade, ter uma redução no esforço, já que talvez não tente tanto por acreditar que a capacidade elimina a necessidade. Finalmente, um estilo cegamente otimista pode levar a ignorar as verdadeiras razões do fraco desempenho.

Temos em nós algo que chamamos de flexibilidade explicativa, nada mais é que um meio termo. É uma disposição para reformular como pensamos sobre as causas de eventos negativos, abandonando até mesmo as narrativas otimistas quando alguma informação as contradiz.

Como desenvolvemos essa flexibilidade e equilíbrio emocional? Unindo o estilo otimista ao realista e permanecendo equilibrados na maneira como avaliamos as causas dos eventos negativos da vida, sem renunciar ao nosso senso de poder e controle sobre eles.

Se tendemos a um estilo cegamente otimista, precisamos nos tornar mais conscientes da inclinação que temos. Assim, é possível abranger preconceitos otimistas sobre todas as situações e reconhecer quando as causas dos eventos negativos estão realmente fora de nosso controle.

Por outro lado, se tendemos a um estilo depressivo e pessimista, precisamos praticar a refutação de visões autodestrutivas. Mudar de uma mente pessimista para uma mente otimista realmente faz diferença em diversos contextos. As histórias que nos contam sobre por que as coisas ruins acontecem realmente afetam o que pode acontecer a seguir.

Portanto devemos sempre ser otimistas, sem transpassar a barreira do real e lógico, reconhecer nossas limitações, através da experimentação prática sem compromissos, algo de caráter singelo, que nos pode proporcionar uma outra visão daquilo que achamos não ser possível, então tente !

Crie preceitos positivos:

a nossa felicidade (ou a falta dela) é baseada em coisas externas, muitas vezes somos nós que nos retemos. Muitos de nós passamos por dias alimentando mensagens negativas das quais podemos nem estar conscientes. Convencemos-nos de que não somos "suficientemente bons", "suficientemente inteligentes".

Para começar a pensar de maneira mais positiva, você precisa alterar essas mensagens. Tente olhar para pensamentos negativos que surgem em sua cabeça e substituí-los por mensagens positivas. Não procure mantras, ou textos prontos, faça por você mesmo. Com relação ao mundo externo porte-se de maneira mais educada em relação a outras pessoas ou pontos de vistas diferentes, " quanto maior for o barulho, das opiniões externas das pessoas, fale silenciosamente ", pois o barulho acabará, a curiosidade dos que balbuciam será maior em ouvi-lo já que está falando educadamente e em tom mais baixo.

Concentre-se no desenvolvimento do seu sucesso:

A maioria das pessoas está feliz em reconhecer os sucessos e realizações de outras pessoas. No entanto, quando se trata de nós mesmos, frequentemente os minimizamos ou os ignoramos completamente. Para começar a pensar mais positivamente sobre você, você precisa se lembrar regularmente do que você tem e pode alcançar. Pare de ouvir seu crítico interior por alguns momentos. Reflita sobre suas realizações passadas e comece a realmente apreciar seu sucesso e o que você tem a oferecer.

Tenha um modelo de inspiração:
Siga o exemplo de bons resultados, pense grande, procure exemplos de planejamentos que deram certo. Seja receptor destas ideais, tome estes sucessos como espelho. Procure fontes visuais de inspiração, sejam elas documentários, reportagens, livros, biografias.

Concentre-se em aspectos positivos:

É importante lembrar que não são os eventos que nos deixam infelizes, é nossa interpretação e reação a eles. Embora nem sempre seja possível alterar eventos, você pode alterar sua resposta às situações. Quando ocorrerem situações negativas, tente reformulá-las, concentrando-se nos pontos positivos ou no que você pode aprender com a situação. Talvez você tenha adquirido força interior e resiliência, se aproximado de um amigo ou aprendido algo sobre si mesmo. Tente o seu melhor para se concentrar no que você aprendeu e ganhou com a sua experiência e não com o que você perdeu.

Não preveja o futuro:

Quando as coisas não dão certo na vida, os otimistas tendem a encarar cada incidente como um evento isolado. Enquanto isso, os pessimistas frequentemente buscam padrões de azar e pensam que "se aconteceu uma vez, isso acontecerá de novo". No entanto, é importante não tentar prever o futuro com base no que aconteceu antes. Apenas porque algo desapontador aconteceu uma vez (ou mais), isso não significa que isso acontecerá novamente.

Viva positividade:

Passar tempo com pessoas negativas que continuamente veem o mal em todas as situações é uma maneira infalível de garantir que você continue se sentindo negativo também. Para ajudá-lo a se sentir otimista, você precisa se cercar de pessoas positivas, que o ajudem a apreciar o bem nas situações e na vida em geral. Isso também se aplica a outras influências em sua vida, como música, literatura e filmes. Envolva-se com influências positivas e veja o efeito que isso tem em seu estado de espírito.

Sempre agradeça:

Sempre agradeça as coisas que deram e dão certo, em uma espécie de oração, pois em agradecimento nos conectamos com energias superiores, que provêem condições especiais para que tudo continue dando certo, conspirando a favor. O agradecimento em nossa vida é muito importante, inclusive em horas ruins, onde coisas não foram positivas para você, mas em vez de se enraivecer tente enxergar que não era hora, ocasião, ou meramente pode ter sido um livramento.

Desafie pensamentos negativos:

Muitas vezes, nossos pensamentos negativos baseiam-se em nossos próprios medos, dúvidas e baixa autoestima. Para ajudá-lo a superá-los, você precisa desafiar constantemente seus pensamentos negativos. Da próxima vez que você começar a sentir-se negativo, anote seus sentimentos e anote seus argumentos a favor e contra esses pensamentos. Pergunte a si mesmo qual é a evidência de que esses pensamentos são verdadeiros? Qual é a evidência de que eles não são? Você pode até mesmo tentar agir propositalmente de maneira oposta de como se sente e ver o que acontece. Você pode descobrir que suas previsões negativas não se realizam.

Concentre-se na solução e não no problema:

Os pessimistas tendem a se concentrar nos problemas, enquanto os otimistas buscam soluções. Embora seja tentador insistir em seus problemas ou decepções, lembre-se de que isso não mudará sua situação. A situação pode parecer grande e pode não parecer justa, mas o que aconteceu, aconteceu, quer você goste ou não. Em vez de refletir sobre o que poderia ter sido, deixe de lado arrependimentos e pensamentos negativos, seja proativo e comece a planejar onde você pode ir a partir daqui.

Impulsione o otimismo!

Otimismo não é algo que vem naturalmente para todos nós, e você pode achar que leva tempo para mudar sua mentalidade. Enquanto isso, tente colocar a ação antes do sentimento e fingir uma perspectiva mais positiva. Estudos descobriram que é possível se enganar e sentir-se mais feliz, passando pelos movimentos físicos. Então, ao invés de ir com seu instinto natural, tente sorrir e rir mais, falar em um tom mais positivo. Agir da maneira que você quer se sentir irá ajudá-lo em seu caminho para ser mais otimista.

Não se prenda ao passado:

O que passou já foi, e como você lida com as consequências é a coisa mais importante. Não adianta atribuir culpas a você ou aos outros. Você tem o poder de mudar uma situação e seguir em frente. É tão fácil dizer "eu deveria ter feito as coisas de forma diferente" com o benefício da retrospectiva. No entanto, se coisas ruins acontecerem, olhe para o amanhã como exatamente o que é: um novo dia. Nele, coisas boas podem acontecer, se você permitir.

Conviva com a Imprevisibilidade da vida:

Existem coisas que estão mais sob o nosso controle e outras não. A realidade é que não sabemos nada do futuro e a única certeza que temos é da morte. Por isso, abrace a imprevisibilidade da vida de forma positiva. Não se prenda a expectativas falsas de um otimismo cego nem se feche ao medo do que está por vir. Quando você percebe que tudo pode ser diferente do planejado, um grande peso sai de suas costas. Assim, fica mais fácil viver com liberdade.

Use suas habilidades para crescer:

Quanto mais nos vemos acertando, mais tendemos a acertar. Por isso, aproveite suas habilidades e competências atuais para continuar crescendo e se motivando. Utilize o que você tem por agora e aspire a crescer em todas as áreas de sua vida, lembrando sempre que toda vitória vem aos poucos.

Negue as frustrações:

Existem coisas que não podemos mudar. Ficar frustrado e se preocupar tanto com o que pode acontecer irá apenas piorar sua situação. Se preocupar é sofrer duas vezes. Manter uma mente calma diante dos acontecimentos é a melhor saída para o otimismo, afinal tudo é um aprendizado escalar.

Cuide do todo, corpo e mente:

Exercitar-se regularmente não se trata apenas do corpo. Malhar a mente precisa ser uma atividade contínua, pois constrói coragem e resiliência para enfrentar as pressões do mundo. Consultar o psicólogo regularmente é como pagar uma academia para sua saúde mental. Se queremos reduzir os índices de transtornos depressivos, transtornos de ansiedade, síndrome do pânico, estresse até suicídio, esse é o caminho.

Saúde mental não é para loucos. Psicologia não é frescura, coisa de louco ou para quem é fraco. Pelo contrário, é para quem tem coragem de se assumir, de se cuidar, de enfrentar as escolhas e consequências da vida com otimismo.

Somente você tem o poder real sobre partes de sua vida imersa neste imenso planeta.

Como certa vez disse Nelson Freitas no programa altas horas, eu que partilho fielmente este pensamento, o crédito totalmente e ele, Nelson, com todos os cumprimentos possíveis, e como ele sendo uma pessoa idônea um exemplo de humanidade e um pensador incrível, tenho a ele minha admiração e crédito a ele esta passagem ao fim deste capítulo. Seus dizeres foram mais ou menos estes:

" A cada dia que acordamos devemos agradecer, ao criador, por estarmos vivos, não é só mais um dia, pois estamos acima de uma bola que não para e gira a mais de mil e seiscentos quilômetros por hora que está voando em torno de uma bola de fogo muito maior do que está, e ao redor dela nós ficamos girando a sessenta e sete mil quilômetros por hora, será mesmo este somente mais um dia?? E por um ano em 365 dias cada dia que estamos vivos é algo muito especial. Quase todas as pessoas que amamos estão vivas, nós temos água, oxigênio, plantamos e comemos, enquanto dormimos nosso corpo perfeito não para e continua funcionando, fazemos nossas necessidades biológicas sem a ajuda de ninguém. É pra levantar todos os dias e agradecer!! "

Cada dia é uma dádiva, realmente. Tudo passa tão rápido, os anos, meses, dias, horas, minutos e segundos, o tempo não para! Como dito no início deste livro, o tempo é o maior dos mestres, mas ele mata todos os seus discípulos. Por mais que você possa achar ter controle sobre suas atividades, nem sempre a vida nos oferece controle, é tudo tão volátil, incerto.

Então o que de melhor você pode fazer é agradecer, programar, lutar a batalha. Se algo te desapontar como obstáculos no caminho, procure sempre alcançar a perfeição em seu compromisso, seja otimista, pense que até as obrigações de casa são um serviço uma meta de um planejamento a seguir e cumprir, então vença o desafio e termine rápido, pois a vida e o tempo não esperam ninguém !

Tenha o melhor da vida que você possa planejar! Agradeça sempre, e continue lutando dia a dia ferozmente. Estude muito, se atualize sempre! Tenha sempre muita honra e coragem! O melhor da vida sempre está por vir, Vivemos os melhores tempos de todos! Tenha muita fé e não se esqueça:

" **A perseverança é a mãe da boa sorte!**" - Miguel de Cervantes.

- Adoro e sigo sempre esta frase!
  Obrigado pela leitura ! Obrigado por acreditar e confiar em meu trabalho.
  Deus te abençõe sempre!

Resumo Geral

Faça Coisas Perfeitas

O que se busca por perfeição, no que se faz, se resume em quem você é. Para você, o que você precisa fazer por sua família é sinônimo de perfeição, em seguir seus ideais, o que você crê e acredita e almeja também tem que sempre respaldar em perfeição...

Não adianta, somos humanos, homo sapiens, como gênero, evoluímos a tal ponto sempre buscando a perfeição em nosso imaginário.

Um construtor, não nasce com habilidades ou conhecimentos predestinados, cabe a este indivíduo se prostrar, focar, aprender anos a fio, desenvolver habilidades através de práticas e observação, se especializar, possuir anos e anos de experiência, e mesmo assim nunca em seu modo de trabalho estará tudo perfeito, todas as formas de imprevisibilidade acontecerão e mesmo assim a sua perfeição em serviço o construtor buscará. Por isso o tempo em prática e experiência o farão muito mais competente, pois a sua "perfeição" será sempre uma ação de "modus operandi", um padrão segmentado, o qual estará acostumado a trabalhar bem.

O que se capta por perfeição, para cada indivíduo discrimina-se por dicção cognitiva rápida, capacidade de conhecimento e aprendizado, valores envoltos no meio em que se situa, e sua própria opinião.

Respeite o Tempo

(Trabalhe duro com seu tempo)

Nada é perfeito e nunca será, o tempo é o maior professor de ensinamentos que podemos conhecer, mas este mestre professor, o tempo, mata todos os seus discípulos e alunos, portanto, as palavras de ordem são: transforme sua vida, não deixe para depois o que você pode fazer hoje. Não se perca na sua linha temporal, execute suas metas, seus objetivos o quanto antes, pois o tempo passa muito rápido sem o planejamento devido, e em cada dia que você cumprir seu planejamento, você sentirá a melhor sensação do mundo!

Desde que chegamos a vida, temos a referência de nossos pais e ou familiares como exemplo, e conforme crescemos, nos moldamos e adaptamos nossas aspirações e gostos a nossa personalidade, conquistando assim nosso "lugar no mundo", começamos a trilhar o nosso caminho próprio de escolhas enquanto jovens na adolescência a partir daquilo que acreditamos. Aprendemos, erramos, acumulamos experiência, formamos bagagens e seguimos adiante lutando por nossas metas.

O que você deseja conquistar no seu futuro? Sempre continue estipulando seu planejamento de futuro, presencialmente conquiste a realização de suas metas, preocupando-se relativamente com o tempo de realização das mesmas, estipule prazos, seja firme e os cumpra.

Dia após dia suas metas serão os "tijolos" acima do alicerce que complementarão no final seu "objetivo" o planejamento alcançado! Suas metas serão as etapas que você cumprirá diariamente para que no final tudo se encaixe e seu planejamento seja concluído, é o que você fará por etapas para dar certo o que você estipulou, deslumbrou para seu futuro:

Como Lidar com o tempo inútil

(Tempo com metas primárias que o momento exige)

O que eu quero lhe mostrar neste breve exemplo, em situações que vivo e sempre viverei, é que o importante para que você entenda é o tempo, ele nunca estará a seu favor, desde o dia em que você nasceu ele sempre será seu inimigo, eu sei, é uma competição desleal, pois o tempo sempre foi contínuo, e nunca acabará, nós humanos demos um "jeito" de medi-lo em um intervalo de tempo. Mas o tempo nunca terminará, ele é imortal! O que nos resta fazer é aceitar nossa humilde condição de sermos aprendizes do tempo e lhe dar a devida coexistência com nossa espécie humana, porque nós como seres acabaremos, mas o tempo não.

Se você é como eu, ansiosíssimo com suas metas, até as mais simples, metas de minutos, horas, períodos do dia, onde mentalmente estaria tudo planejado desde o amanhecer em seu despertar, ou arquitetadas e estipuladas no dia anterior anoite, semanas passadas ou meses passados, então você sabe o que é surtar de ansiedade, ou desespero quando a vida lhe golpeia fazendo com que seu planejamento seja destruído!

Suas metas se esvaem, aquele vazio te preenche de puro pâncio, este, que muitas vezes você não pode manifestar oriundamente ao mundo, com a ênfase que se deve, perante a uma ira reacional merecida.

Pois é, esta é a vida que não foi planejada, o tempo inútil, onde você não pensou em nada, se, não resolver os problemas dos outros, seu pensamento libertino de costume ficou preso nas limitações humanas, em problemas inacabados seu e dos outros.

A parte boa é que desta vez dará certo! E na maioria das vezes, porque você não desistiu, foi avante, e não se deu por vencido, encaixou parte dos teus planos, mesmo que não, triviais na sua nova realidade alterada.

Porém em seu ponto de vista de tempo você pode retardar, ou vencer algumas etapas perante o tempo, comprimir o tempo. Pois o tempo perde batalhas, mas nunca a guerra e são nestas batalhas que você poderá vencer, com sagacidade e planejamento, pois "as oportunidades favorecem as mentes preparadas".

"Seja inabalável, se em seu dia você não conseguir alcançar um objetivo de uma meta, não se preocupe, vença dia após dia, e com saúde acordará bem para correr atrás dessa meta. Não é todo dia que vencemos, perca a batalha mas não a guerra."

Quero deixar claro que o tempo "inútil" é obrigatório, pois é ele que regula sua intensidade motriz, regula sua ansiedade, seu controle, afinal, de que adianta pensar e pensar em você vivendo seu planejamento ilusório em sonhos sendo que você não trilha caminhos ou metas para alcançá-lo!

Não deixe perdurar mais que meio dia este tempo inútil! pois é, você não está focado em trabalhos, obrigações e afazeres vinte e quatro horas por dia, você também tem tempos de descanso, como horário de almoço, após suas obrigações, então pense, projete, estimule sua mente, seja capaz de arranjar tempo para você, em seu horário livre, pense em metas de alavancagem que você quer para seu futuro, há meios de ir convertendo tempo inútil em tempo "inoperante". Mas tempo inoperante não tem nada a ver com outra conotação ruim como "inútil", mas tempo inoperante é aquele que você não é capaz de proceder, operar, mas é o tempo em que você liberta seus pensamentos e pode organizá-los e estipula-los, como veremos a seguir!!

Tempo Inoperante

(Te permite pensar e não fazer, então não faça, pense!)

Você sabe o que é atenção seletiva?
Como o próprio nome diz, é a atenção que você dá a algo ou alguém na parte que te interessa, pode ser a parte que mais lhe interessa, pode ser no todo que lhe interessa, mas a idéia de que a atenção seletiva seja um filtro do conteúdo que se quer captar de um determinado pensamento, assunto, conhecimento, tipo de ação. O resto simplesmente é arquivado como algo menos importante, ou é descartado.

Tempo "inoperante" significa que você não está operando, ou seja, não está agindo em totalidade para conquistar aquilo que você realmente almeja, mas nada impede você de pensar e idealizar o que almeja, tratando-se de funções que você exerce de formas automáticas.

Então, porque você não exercita suas metas de planejamento, enquanto está no modo automático? Isso porque as pessoas não sabem como proceder direito.

" Não trabalhe no automático, pensando no automático."

A escada rumo a mudança de pensamento está naquilo que você é, e busca ser, o conhecimento que busca a cada minuto, que lhe excede, que lhe tira o fôlego, uma fonte interminável de evolução, o que resume nosso gênero e espécie, Sapiens, "Homem Sábio.", A única coisa que nos difere dos outros animais. A capacidade evolutiva de pensar, projetar e criar. Tornar algo inimaginável, real.

Se você está pintando uma casa, trabalhando com isso, ou demais "obras" ou feitos automáticos de sua vida, aproveite cada centelha de tempo inoperante (aquele que você não exerce, mas cria intelectualmente pensando.) Para alavancar suas metas de planejamento, sejam elas quais forem! O tempo está a seu favor, são vários, incontáveis lapsos de tempo em que você pode operar apenas mentalmente, e o melhor de tudo são todos de graça e elaborados por você mesmo, sem participantes diretos.

Então, se você está trabalhando arduamente naquela máquina de repetições que não exige muita atenção e você pode vislumbrar insights construtivos de suas ideias ou metas durante sua produção, o faça!

Tempo Útil
(Onde tudo é amplamente trabalhado, onde tudo pode acontecer.)

As pessoas estagnadas, que não tem aspirações de vida e nem objetivos, com certeza vão lhes confrontar negativamente sobre aquilo que elas próprias não conseguem fazer, como por exemplo, ter assimilações múltiplas. Se essas assimilações múltiplas forem regradas, desenvolvidas paralelamente com a mesma atenção e peculiaridade que cabem a cada uma, as metas mesmo que dissociadas temporalmente (uma de cada vez a seu tempo) irão funcionar ! E eu lhe provo de duas formas: uma concreta e outra lisonjeira.

A concreta é, se você consegue pensar em suas metas, trabalhando em outra coisa de forma automática como visto no capítulo anterior, você está exercendo a múltipla atenção com competência.

Representando o projeto de planejamento acima de forma pragmática e esquemática temos:

- Insights: capture todo tipo de idéia que o circunde, que o atraia, que esteja atrelado a você ao seu ser como se fosse uma incumbência, que julgando profundamente você terá capacidade de tornar este "achado" real, algo que você se sinta especial e realizado em se propor a fazer, a curto e a longo prazo.

- Armazene tudo o que você pensou sobre a atmosfera ao redor do que você se propôs a pensar, se possível anote de imediato, tudo isso depende em que "tempo" você está.

- Separe, filtre, converta tudo aquilo que você julga necessário para abranger como uma meta plausível, traduzindo, afunile a idéia, encurte os caminhos, discrimine o que é viável do que é inviável para a concepção do projeto de planejamento e opte pela direção e meios mais plausíveis para a execução. De rumo a idéia.

- Construa, faça testes. O que você pensa de construção de um produto imagético? Pense em escala, a curto, médio e longo prazo, o que você deverá seguir, quais serão os eventuais investimentos, versus os retornos que irão ter. E com o passar do tempo como seu planejamento será? Quais são as metas necessárias a se bater para alcançar as metas calculadas. Trate sua ideia como um produto escalar, cheio de altos e baixos, nesta etapa você delimitará quais são os desafios a serem transpostos em cada etapa de suas metas.

- Pense em como acelerar o processo de concepção, pense de forma correta, mas sem acelerar o pensamento, afinal respeitamos as brechas do tempo, não corte os caminhos realmente necessários.

- É hora de pensar em tudo o que pode dar errado, em cada etapa do processo, analise cada curva de suas metas, evitando e prevenindo para futuras "tempestades" na concepção.

Potencializar o tempo útil
(raciocínio rápido)

O raciocínio rápido é a forma mais competente e completa de converter o tempo inútil em tempo útil.

Somente você depois de estudar a viabilidade de seu planejamento, estudando-o a fundo, como explicado anteriormente, assim, somente assim poderá converter o planejamento do plano imagético para o plano real.

tudo que você se propor a fazer será de maneira visceral, nua e crua, pensando em seu instinto de sobrevivência, estímulo e recompensa, sua meta que se cumprirá em planejamento será algo que lhe promova bem estar, algo que lhe dê benefício em sua existência.

Primeiramente, se atenha às necessidades básicas de saúde de sua família, seu bem estar, de seu relacionamento aos mais próximos, e de todo o resto se abstenha, se exclua.

Lidando de forma prática, com estímulo e recompensa, nos confere pensar de modo geral, a execução de suas atividades diárias, programadas ou aleatórias (aquelas inesperadas) execute todas elas de forma rápida, não esquecendo-se de garantir a elas a qualidade devida , buscando a perfeição a que lhes conferem, pois, aquele que assim o fizer em sua vida, encurtará seu objetivo. Isso lhe garantirá maior aproveitamento em tudo, em ganhos, em tempo livre útil, em novos estímulos de metas, respaldo processual, agilidade de raciocínio, cognição mental, estímulo lógico, experiência de vida.

Antecipe tudo o que você pode fazer em suas metas, preveja sempre que for possível sua direção, o rumo de suas atividades diárias, as metas de seus planejamentos, tire um tempo para que você possa refletir. Este tempo poderá ser tirado de seu tempo útil de pensamento e execução de metas, pois sempre vale a pena, uma pausa serena, uma reorientação quando se conclui um "capítulo" bem construído de uma meta bem executada rumo ao seu planejamento.

Melhores oportunidades para pensar
(horário das ideais)

Iniciemos, pelo tempo do sonho, ou dos sonhos, sim isso mesmo, o tempo em que passamos dormindo, o qual sonhamos, boa parte dele, se refletem em ações que executamos diariamente, ou em frações do que já fizemos em nossas vidas, ou melhor, em o que realmente queremos de modo muito fantasioso para nossas vidas.

Para alguns cientistas, o sonho é apenas uma forma de condução de informações que são ativadas durante o sono que contribuem com o controle do cérebro, mantendo sua saúde.

Impreterivelmente, sua realidade diurna, vivida conscientemente, reflete em seus desejos de realização que são arquitetadas, misturadas e projetadas enquanto você "descansa" em seus sonhos. Portanto a você que tem um ideal, e o almeja muito em quantidades grandes durante o seu período consciente diurno, vivenciando experimentalmente, ele se refletirá em maiores reflexões com maiores níveis de aproveitamento em seu subconsciente, que continuará lentamente lapidando suas metas de planejamento. Então os sonhos e seu descanso são uma das melhores oportunidades para pensar e aproveitar o tempo livre.

Se você é o primeiro em sua casa a despertar, procure um local tranquilo, caso contrário permaneça na cama deitado, tanto para organizar os pensamentos adquiridos, "os sonhos". Como para iniciar a programação do seu dia.
Vá ao banheiro, sentar no vaso mesmo que não vá usá-lo, escove os dentes, cuide de sua higiene, sente em um lugar tranquilo, saia em sua sacada, no quintal se este estiver vago e tranquilo, de preferência sem ninguém nas proximidades, só você.

Primeiro reflita sobre as imagens noturnas, conecte-as, analise-as utilizando encaixes que você pressuponha estar correlato com sua semana, com a noite passada, ou com o dia de hoje. Se puder pesquise.
Posteriormente recupere-se do lapso da montagem do sonho. Vislumbre, como será a programação do seu dia inteiro, pense ao menos na parte que ele é programado. Isso mesmo, pense nas atribuições a que você é incumbido, como compromissos a realizar, coisas a fazer após expediente, obrigações em geral.

Feito isso, delimite o espaço vago entre cada atividade, cada coisa programada, mas também pense nas coisas que são irrefreáveis, improgramaveis. Pense sempre quando algo fugir de sua programação, no encaixe devido. Se bem que você não deve dar tanta atenção a coisas que são inesperadas, afinal, elas simplesmente acontecem e você não tem controle algum sobre elas, e o pior, não sabe nem a que horas elas podem acontecer.

Cronograma

(Sua linha do tempo, como lembrar, como anotar, guardar dados).

Trabalhemos em níveis de intelectos em módulos escalares. Se você possuir a mente cheia de coisas é importante que você desenvolva muito, ou desdobre e separe seu raciocínio, ou faça um cronograma.

Se você é capaz de mesclar capacidades, miscigenar pensamentos e direções sem se confundir, você está relativamente bem. Como as pessoas que estão pedalando, caminhando, dirigindo e desenvolvendo o pensamento. Mas deve tomar atenção ao começar a fazer outra tarefa, anote, assim que chegar a seu destino, eminentemente, você chegou ao local que pretendia, de carro ou de bicicleta a pé, anote !! Capture o pensamento para ele ser revisto, se possível escreva alguns detalhes a mais, pois este te permitirá lembrar do que foi desenvolvido em volta de sua idéia principal, este passo simples não levará mais que alguns minutos, que para você será como um "check point", seu ponto de verificação, ponto seguro.

Não sinta receio, e nem se sinta demasiadamente superior por não querer usar um bloco simples de papel para anotar o seu roteiro de planejamento e metas, não seja cabeça dura e nem ignorante, pois se você concorda que os meios tecnológicos atuais te prejudicarão, te farão perder, ou atrapalharão seu raciocínio, seja simples e sensato, use o método convencional.

"A maior qualidade do estilo é a clareza." - Aristóteles.

Conversa com o Autor:

Este livro foi um grande desafio para mim, um divisor de águas em minha vida. Pelos momentos que passei, vivi, os desafios que estão por vir e meus planejamentos consequentes.

Sou Alexandre Franklin Boretti, A.F.B. Sou formado em Química, Publicidade e Propaganda, Cursando legislatura em Química, Juiz Arbitral, Perito judicial grafotécnico, documentoscopia, também possuo técnico em Química pela escola ETEC João Maria Stevanatto em Itapira o qual tenho muito a agradecer e sempre sou muito bem vindo ! E não pretendo parar de estudar.

Também sou fundador da marca "Nível Acadêmico." Que acima de tudo se destina a propagar conhecimento sobre qualquer circunstância, sejam eles físicos, digitais, etc.... Afinal, tudo, tudo o que pode ser estudado é de Nível Acadêmico.

 (Que seja sempre uma missão de vida a todos os compactuantes de um estilo único de vida, promissor, que geram muitas transformações no interior de cada um e na sociedade geral. Na educação, na cultura, na visão de um mundo melhor e principalmente no desenvolvimento de soluções para problemas que a humanidade enfrenta. Pensando no desenvolvimento e saúde de nossa espécie e do ecossistema que temos a obrigação de zelar. Nesta nossa breve passagem pela vida.)

Atualmente estou com trinta e um anos, tenho minha mulher que sempre me apoia em todas as minhas inclinações e estudos, minha mãe, meu tesouro, meu centro, que sempre priorizou minha educação, formação pessoal, honestidade e valores. Minha enteada que é muito inteligente e astuta.

Parece tudo perfeito não é?! Mas nunca foi assim, sempre foi trabalhoso, árduo e conquistado! Sou uma pessoa comum, muito animada e alegre por toda a minha existência. E através do estudo e de minha educação inicial posso ser o ser humano formado que sou hoje! A mesma força de vontade e alto astral que me fez redigir este livro de aprendizado, recheado de pesquisas, estudos, e reflexões pessoais, me fazem evoluir a cada passo.

Nasci em 1992, de uma família com muitos bens materiais e imóveis. Muitos mesmo. De uma família de comerciantes relojoeiros e joalheiros. Mas as "brumas" dos tempos mudaram as preleções do futuro de minha vida. Escrevendo certo por linhas tortas.

Após a morte de meu pai, que em toda a cidade foi conhecido (quando eu tinha cinco anos) todos se lembram de seu imenso, enorme coração, e de sua bondade. Mas todos se lembram mais ainda da história da guerreira que é minha mãe... Uma heroína sem fronteiras e sem precedentes, Alexandra Franklin da Cunha, programada para vencer !!

Minha mãe nascida e criada em um ferro velho, com duas irmãs e dois irmãos, naquela época sem energia eles tomavam banho na nascente do rio em bacias. Ela viveu o início de sua vida de forma muito sofrida, assim como minhas tias que amo de paixão. Minha tia Alice e minha tia Luzia, e meu maior exemplo de caráter e honestidade o qual guardo um lugar especial em meu exemplo de conduta e personalidade é meu tio Octávio Franklin da Cunha que é falecido.

Eles se alimentavam como podiam, comiam Taioba (folhas taludas de caules grandes que crescem à beira do rio), mandioca, o que a terra produzia, e meu avô era mecânico dos bons e dono de um ferro velho repleto de ferragens e peças que nem colecionadores conheciam ou chegarão a conhecer! Eram Imensas tralhas, peças, sucatas e carcaças, coleções estranhas, nem se precisa dizer que eu cresci escalando carros antigos, portões, muros, andando pendurado em pontes de guincho, eu e meus primos éramos muito felizes nesta parte, tradicionalmente nos encontrávamos no nosso mundo. O macarrão de domingo era o ápice, só de pensar em ir lá aos domingos e construir carrinhos de rolimã brincando era muito bom, tínhamos muito o que aprender.

 Mas voltando a infância e adolescência de minha mãe e meus tios, eles não tinham direito o que vestir, quando precisavam de médicos era através da caridade, ou de trocas, por doces que minha vó produzia. Naquele tempo de tv sem cores minha mãe e meus tios iam nas janelas das pessoas que possuíam olhar pelo lado de fora. Minha mãe para se formar em educação física, vendia doces... no ônibus que naquele tempo se chamavam jardineiras, ou como diria meu tio Octávio, os "cata coiós". Bom, ela se formou, e trabalhando, dava aulas nos lugares mais distantes da cidade. Até mesmo pela pista da cidade indo e voltando tarde a pé. Tanto que hoje alunos dela que cresceram dizem até hoje que ela mudou a vida deles.

Minha mãe conheceu meu pai Heládio Rocha Boretti, "Lalinho", o amor de sua vida. Então eu vim ao mundo. Meu pai, relojoeiro, Ourives sabia com maestria sua profissão que havia aprendido com seu pai, (meu avô).
Quando fiz cinco anos, meu pai com problemas de Saúde, cirrose e câncer no fígado, hepatite c, infelizmente se foi, ele sabia que ia morrer, então fez minha mãe largar de suas aulas de educação física, ela que era professora de natação. Ele fez minha mãe aprender a profissão de comerciante, que isso sim ele disse que dava dinheiro de verdade, e de fato deu, sem sobras porém sem faltas. As últimas palavras de meu pai foram para que minha mãe conseguisse me dar estudo e me formar e cá estou com duas faculdades, e vem mais por aí.

Com a morte de meu pai, minha mãe aprendeu a profissão em incríveis três meses, continuou na loja que era de meu pai, por pouco tempo, pois um duro golpe do destino nos acertaria.

Com a morte de meu pai, minha mãe estava cuidando de mim, meu avô e minha avó nos despejaram da casa em que morávamos, bem como da loja que é de meu pai, que segue fechada até hoje em juízo. Minha avó me tirou dos testamentos de mais de quarenta propriedades que a família possui, além de mais de quinhentos terrenos em uma gleba de terras de meu avô, mesmo eu sendo descendente direto de sangue.

A alegação de tal atitude maligna é que minha mãe deveria permanecer solteira. Até ofereceram dinheiro para minha mãe dar a minha guarda para eles pois achavam que ela não seria capaz de me criar. Jamais esqueço os meses que passamos no ferro velho de meu avô, o casebre sem forro, com muitas goteiras em nossa cama, morcegos e todas as trovas que tivemos de enfrentar por puro ódio e malícia e ganância.

Felizmente minha mãe conheceu meu padrasto que me adotou como filho e eu conheci meus dois meios-irmãos, que são muito especiais. Meu padrasto, foi diretor de mais de duzentas unidades em uma faculdade muito conhecida… O Objetivo, UNIP e hoje em Itapira, UNIESI. Ele nos fez dar a volta por cima, montou um comércio na frente da loja de meu avô, contrariando tudo e todos, todos da cidade souberam e se sensibilizaram com a lamentável história vivida por minha mãe, e os vendedores de mercadorias, faziam tudo em consignado pela situação de minha mãe. Meu padrasto Antônio Roberto Cremasco, nos alugou uma casa também para morarmos. Só tenho a agradecer a ele pelo ser iluminado que ele foi, em nos encontrar nesta jornada da vida, em me adotar, faço o mesmo por minha enteada com muito amor e carinho, Roberto este que era um homem muito culto, sábio, um homem de cultura internacional, viajou por vários países através do esporte.

Crescemos todos em meio a natureza em um rancho que ele possuía, aos oito anos eu já atravessava rios, subia montanhas e lia meus primeiros grandes livros. Tive uma educação e uma infância privilegiada graças ao meu padrasto Roberto.

A vida seguiu… minha avó morreu, eu estudando para o ensino médio, troquei de escola pois os tempos ficaram um pouco difíceis, fui para uma escola pública, meu padrasto ficou desempregado, mas a vida seguiu, eu segui estudando muito, buscando o conhecimento. Foi nesta época que um golpe ainda mais duro nos acertou novamente…

Minha mãe foi diagnosticada com câncer de mama, e meu padrasto com câncer no fígado, cirrose e hepatite b. (A mesma doença que meu pai teve, minha mãe via este filme pela segunda vez.)

Minha mãe a esta altura já tinha seus 20 anos de comércio e graças a sua interpessoalidade assim como meu pai e a amizade com seus clientes era a loja que mais vendia e os clientes sempre voltavam somente para vê-la e mesmo que não fossem comprar nada, compravam por causa dela. Com meu padrasto desempregado e doente, e ela também. A loja seguiu… minha mãe sem cabelos mas sempre muito positiva e centrada, fazendo tratamentos e meu padrasto também. O tratamento dela mais sério com quimioterapias durou 6 anos. Hoje ela só faz meros acompanhamentos, apesar das mutilações sofridas, para uma mulher que é muito triste e degradante. Enquanto meu padrasto só piorava, com quadros de amnésia, encefalite, dores horríveis no corpo, vômitos com sangue o qual presenciei e ajudei muito com minha companhia.

Foi mais ou menos neste período que segui em meus empregos, fazendo faculdade a noite. Fui modelo, mas devido às distâncias e a responsabilidade, apesar de ter futuro e não capital tive de desistir do sonho. Fui chamado inclusive pela casa dos criadores ao Fashion Week e para ir a Milão por uma agência. Da escola pública antes da faculdade, segui conhecendo o pessoal, pegando o pensamento daquele povo que não se dedicava muito a seu estudo acadêmico, mas tinham muito a ensinar além dos muros da escola.

Meu primeiro emprego foi como auxiliar químico. Onde meu amigo Davi, químico, me avistou entregando currículo de bicicleta e me chamou na rua. Ele estava passando de carro em uma empresa que ele trabalhava. Soluções Químicas Brasil, sou muito grato aos donos, os Senhores Mário, Onofre e Sílvio Marques, irmãos, que me deram esta inestimável oportunidade, o qual surge meu amor pela química e os estudos. Empresa o qual o mais novo hasteava a bandeira nacional e no caso era eu. Trabalhamos com sulfato ferroso. Inclusive para o governo.

Em meu segundo emprego na empresa Itaferros, de meu ídolo como profissional e pessoa seu Edson Cachiba ou "Shio". Trabalhei duro com aço e ferro carregando diariamente 17 toneladas nas costas e nos ombros todos os dias por cinco anos. Às vezes viajando na chuva. Graças a este emprego mais uma vez com ferragens, pude comprar a tão sonhada caminhonete que eu queria a Silverado 98 a qual eu era minha paixão. Porém me roubaram faz seis anos, furtaram ela... perdi o chão, perdi minha dignidade, perdi 70.000 que é seu valor atual hoje em dia e toda a semana confesso que sonho com ela, ao menos um dia. Às vezes é triste relembrar todas estas histórias. Se alguém a ver pelo Brasil, ainda inteira, ela é azul/verde de placa "CKA 9435".

Neste meio tempo meu avô morreu, este que fez eu e minha mãe ir morar na rua. O perdoei apesar de nunca ter tido mágoa nenhuma dele, mas o que mais alegrou meu coração foram suas desculpas, ele que já estava com início de falhas mentais, pouco antes de morrer ele me encontrou e me disse chorando: "Você me perdoa? Queria te pedir desculpas, pois apesar de tudo que fiz com você e sua mãe, você é o melhor neto que eu já tive, você sempre veio me ver mesmo sabendo de tudo, sem interesse algum, e nunca me pediu uma bala. Hoje meus filhos me fazem assinar papéis que nem eu mesmo sei o que é." Lembro-me de todas estas palavras como se fosse hoje, minha memória é fotográfica.

Meu avô morreu, pouco depois de cinco anos, meu padrasto morreu.(às mesmas enfermidades de meu pai) foi uma dura perda para nós pois foi de forma muito sofrida, ele lutava e relutava muito para manter as aparências.

Apesar dos obstáculos e menosprezo sofridos por mim, sou igual ou melhor que meu pai, lido com todos, tenho amigos ricos, pobres de todos os gêneros classes sociais, independente dos níveis de instrução, amigos que caminham fora das leis em todos os sentidos, mas sou o que sou bem aceito pela minha amizade, pela minha educação, cordialidade e meu jeito de ser, acho que tudo que enfrentei até agora em minha vida me moldou estranhamente para uma pessoa muito melhor.

Confesso que por esta família e em vista desta briga pela herança já fui chamado de sucateiro e de dirigir uma caminhonete velha, mas afinal, eu nunca tive mesadas de imóveis ou imóveis doados para administrar, sempre tive que trabalhar duro para conquistar minhas coisas, no sol, na chuva, roupas rasgadas, esta é a realidade da maioria dos Brasileiros que lutam e não desistem, sempre estudando para evoluir.

O que posso dizer de mim, de minhas metas e planejamentos é que deste suposto complexo de "inferioridade" adquirido e sem oportunidades de emprego em minha área, isso me fez um leão. Bastante gente conhece minha história, hoje com trinta e um anos, estou atualmente como metalúrgico na empresa o qual me dedico muito, muito a Ferramentaria Pegorari empresa agrícola e têxtil, das melhores enxadas e ferramentas do país e mais tradicional, são mais de 106 anos.

Mas antes disso estive desempregado, minha mãe vendeu a loja antes da pandemia, sem saber que o futuro mudaria o comércio, ela vendeu e se aposentou e outra, porque o aluguel, funcionários, mercadorias, impostos e dívidas eram muito custosos, e afinal, hoje em dia todo mundo compra pela internet a maioria das coisas. Foi uma época muito difícil para mim, novamente trabalhando por dia de servente, pagando aluguel, agradeço a meu primo Paulo e imensamente e a Pegorari por me contratar até hoje!

Possuo reconhecimento, graças aos meus conhecimentos em cálculos, espessuras, corte, minha determinação e iniciativa. Resumindo a você, a única entidade que devo satisfação é ao meu trabalho que me faz vencer barreiras e conquistar, além de meus planejamentos em geral, minha casa.

Somente tenho a agradecer, a minha mulher também, pois, desde que a conheci minha vida mudou, me deu maturidade, compromissos, só tenho a agradecer a ela por trazer "uma família pronta para mim", por me incentivar em tudo. Onde de menino me tornei um homem com responsabilidades. Além da minha enteada mais que especial, que estou firmemente ensinando o meu melhor em educação para escola e para vida.

Temos amigos bons, pessoas boas em nosso caminho, mas também temos pessoas muito ruins, pergunte-me todas as pessoas que bebiam comigo quando eu tinha minha caminhonete, Agora pergunte quantas pessoas me deram carona ou me ajudaram, quando furtaram minha condução! Exatamente, não apareceu ninguém. Nossos amigos são Deus, nossos bichos de estimação que são fiéis e o bom e velho dinheiro no bolso.

Faz-se sentido as palavras trabalho sujo, dinheiro limpo, mérito totalmente meu, sem heranças. Apesar de todas as minhas formações sem grandes oportunidades, sempre continuo a sonhar o que quero para a vida, fazer o que gosto de fazer e ganhar por isso. Já tive a chance de ter minha grande caminhonete, que um dia reconquistarei, e tenho toda a capacidade mental e intelectual de continuar sendo uma grande pessoa, além de toda a bagagem acadêmica que possuo e posso acumular cada vez mais.

Apesar desta grande injustiça que sofri para com a família por partes de meu pai, de tudo ao ridículo que fui exposto, as barreiras, os entraves, a companhia de pessoas muito ruins, deveras oportunistas, marginalizadas, aos cenários que fizeram parte de minha realidade eu poderia ter tomado um caminho muito, muito diferente do que estou trilhando hoje, de forma simples, mas honesta. Não nego que poderia estar muito, muito melhor emocionalmente, psicologicamente e principalmente financeiramente. Não precisando trabalhar ao tempo no sol, em fornos de fundição, na chuva, em coisas pesadas, e ou vender meu tempo e minha inteligência ao invés de realmente me dedicar ao que eu gosto de fazer, sem limites de tempo, ou ganhar por aquilo que gosto.

Para vocês terem uma idéia este livro que deveras alguém com tempo livre, ganhando para poder fazer o que gosta o arremataria seriamente em menos de um mês, mas as coisas imprevisíveis de cada dia nos abstrai em grande parte de trilhar nosso planejamento de forma direta, assim sendo, se você é que nem eu: assalariado, sem renda fixa passiva, de classe média, você também é escravo do capitalismo, tem que trabalhar, vender suas horas para sua subsistência.

Com isso podemos pensar que nada pode nos libertar dessa prisão de horas e serviço duro a ser ofertado, até o fim da vida, mas sempre há um espaço no tempo onde você pode encaixar suas aptidões para tentar mudar este jogo e passar a viver do que realmente gosta, no início tudo é muito árduo e parece impossível, afinal a vida é feita de escolhas, e as oportunidades favorecem as mentes preparadas. Deus conhece nosso coração e sabe as batalhas que temos, e que uma hora a estrela de cada um irá brilhar.

Sigo com o planejamento de digitalizar outros três livros de ficção que estão roteirizados em papéis desde 2011, além de difundir muito conhecimento em apostilas e outros e-books na plataforma "Nível Acadêmico" para ajudar cada vez mais as pessoas a se informarem e crescerem pessoalmente, com a cultura e educação ao invés de seguirem outros rumos em suas vidas, caminhos errados. O foco no planejamento continua sempre até deixarmos de existir!

Hoje em meio a esta guerra, posso dizer que sigo vitorioso em minhas metas e em meu planejamento. Eu conquisto grandes coisas a cada dia que se passa, hoje com trinta e um anos possuo minha casa com a ajuda de minha mãe, e meu serviço digno.

Hoje agradeço a Deus, a minha mãe que sempre me ajudou em tudo, me criou apesar de todas as dificuldades da vida e somente a minha família. Sigo estudando e sempre seguirei Nível Acadêmico!

Esta é uma história minha, resumida e real!

"Lalinho" Heládio Rocha Boretti (meu pai)

Como Desblo 🔓 quear
seu
PLANEJAMENTO

Procrastinação

Desânimo

Incerteza Metas **PLANEJAMENTO VENCEDOR** Distração Concorrência

Amarelo remete a prosperidade e realização.

NÍVEL
ACADÊMICO

Para você que ja tentou, e não consegue tomar as rédeas de seu caminho, objetivos, metas e planejamentos, este livro foi feito pra você!

Nesta obra você encontrá as bases de um planejamento sólido.

Este livro te orientará de forma gradual e evolutiva, em um linguajar simples e dinâmico, capítulo por capítulo, o método certeiro de como planejar a sua vida!

você irá aferir e aprimorar seus conhecimentos em diversas áreas como:

- Ciências Sociais
- Teologia
- História
- Geografia
- Publicidade e Propaganda
- Saúde física e mental
- Conhecimentos gerais.
- Administração
  (pessoal e organizacional)

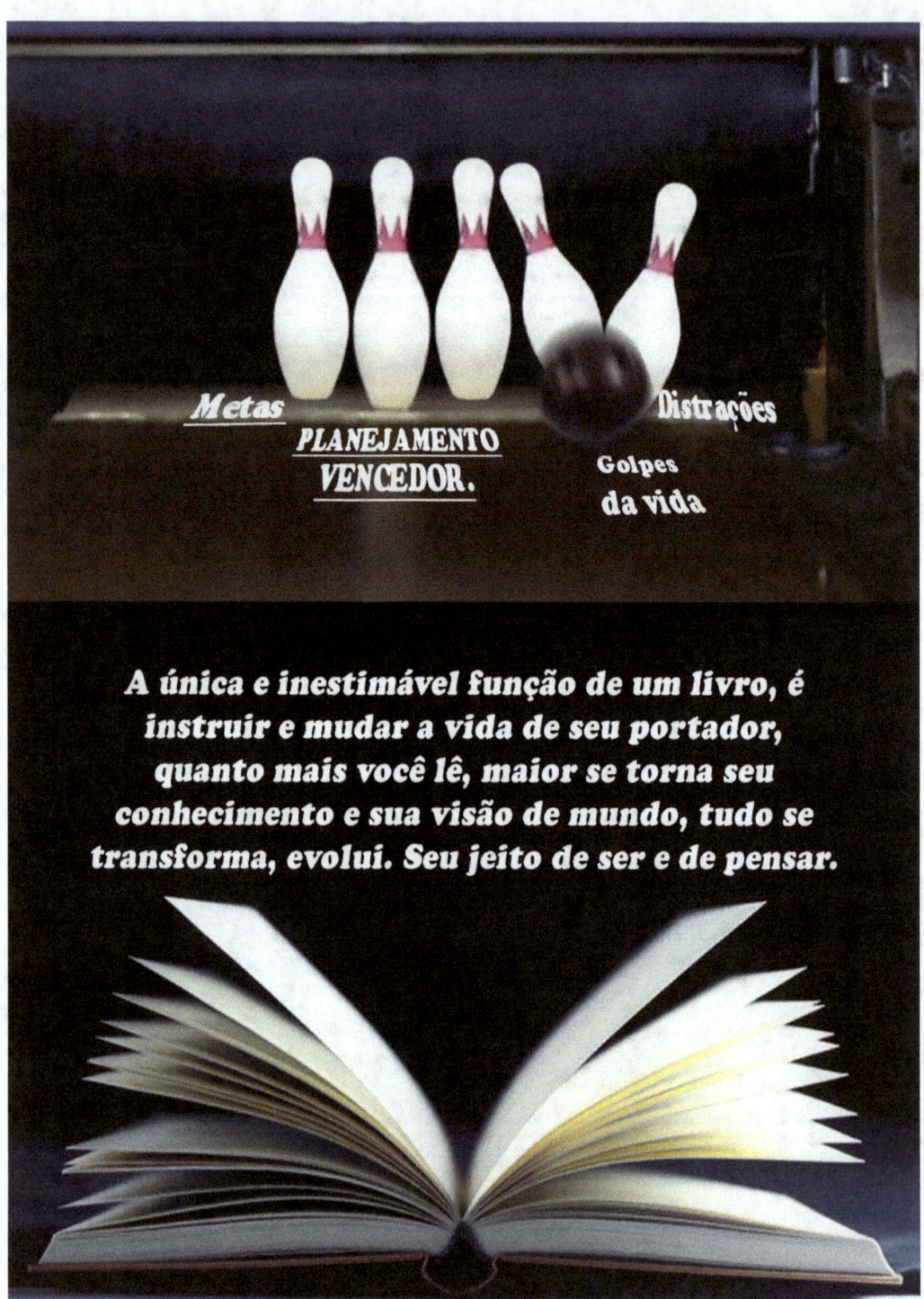

Metas
PLANEJAMENTO
VENCEDOR.

Distrações

Golpes
da vida

A única e inestimável função de um livro, é instruir e mudar a vida de seu portador, quanto mais você lê, maior se torna seu conhecimento e sua visão de mundo, tudo se transforma, evolui. Seu jeito de ser e de pensar.

101